临床医学研究生培养

传承与创新

主　审：周智广　杨一峰
主　编：吴尚洁　肖　涛
副主编：陈亮辉　李　玲
编　委：乐腊梅　陈明佳子
　　　　罗　茜　贺　杏
　　　　李　宁　曹　蕾
　　　　张亚英　邓艳红

中南大学出版社
www.csupress.com.cn
·长沙·

前 言

研究生教育作为国民教育的顶端,肩负着高端人才供给和科学技术创新的双重社会使命,研究生培养目标顺应着时代潮流,顺应着国家需求,研究生培养理念的创新、培养模式的改革也一直随着社会的改革而发生改变。

一、我国研究生教育回顾

我国高校研究生教育走过风风雨雨,有学者大致将其分为五个时期:

(一)研究生教育启动期(1949—1958年)

中华人民共和国成立,百废俱兴,在全国掀起经济建设的高潮时,出现了"人才荒",因此,国家重视各类人才的培养。1951年,国家颁布中华人民共和国第一个关于研究生教育的文件《关于改革学制的决定》,决定要求"大学和专门学院设立研究生部"和"培养高等学校的师资和科学研究人才"。1953年,国家教育部发布《高等学校培养研究生暂行方法(草案)》。1956年,在国家"向科学进军"的号召下,全国高校在校研究生人数是1949年的7.7倍,已达到4841人。但从1957年开始,因当时国内外时局的变化,研究生招生出现了低落的情况。

(二)研究生教育探索期(1959—1976年)

1959年起,国内外形势有所好转,研究生招生数量开始回升,每年全国有1200名研究生招录入校。1961年，政府颁布了关于高等教育发展的"60条"。1963年，教育部召开高等学校研究生教育专门工作会议，通过了《高等学校培养研究生工作暂行条例(草案)》和《高等学校制订研究生培养方案的几项原则(草案)》，其中，反思苏联研究生培养模式中存在的问题，通过开展讨论，对研究生教育取得了一些共识。但从1966年开始，研究生招生彻底停摆，研究生教育也因此中断长达12年之久。

(三)研究生教育恢复期(1977—1992年)

1977年，国务院批准教育部《关于做好1977年高等学校招生工作意见》，明确提出了研究生的培养目标是"具有系统而坚实的基础理论、专业知识和科学实验技能，能够独立进行科学研究工作"。1978年，教育部发布《关于高等学校1978年研究生招生工作安排意见》，恢复研究生招生，全国77、78级合并招收研究生10708人。1980年，《中华人民共和国学位条例》颁布。1981年，国务院学位指导委员会颁布《学位条例暂行实施办法》和《关于审定学位授予单位的原则和办法》，正式规定学士、硕士、博士三级学位制度，使研究生教育逐渐走向正规和法制化。1984年，研究生班的扩招改革开始。到1985年，全国高校在读研究生达6.7万人，随着培养规模迅速扩大，培养质量出现了"重理论、轻实践"的问题。1986年，国家教委出台《关于改进和加强研究生工作的通知》，提出"稳步发展，保证质量"的工作方针及研究生教育应多元化发展的改革思路。

(四)研究生教育发展改革期(1993—2011年)

1992年，社会经济进入快速发展的跑道，国家再次面临"人才缺乏"的局面。1993年，《中国教育改革和发展纲要》提出"扩大研究生培养数量""大力培养经济建设和社会发展的应用型人才"。1996年，国家教委发布《关于招收攻读硕士学位研究生管理规定》，改革招生模式，提出国家计划、定向培养、委托培养和自筹四类生源，统考、单考、推免等多种招生模式。2011年，全国高校研究生招生56.02万人，其中，专业学位研究生招生占24.67%，同时，截至2011年，全国高校共培养出40万名博士、240万名硕士。

(五)研究生教育深化改革期(2012年至今)

随着研究生教育改革的不断推进和研究生培养目标也要顺应全球经济的大发展和国家建设的硬需求，研究生教育进入更深一步的改革中，"创新"成为推动国家和民族生存发展的重要力量，培养国家需求的创新型人才成为各高校研究生教育肩负的重任。习近平同志提出的"培养什么人，怎样培养人，为谁培养人"，也成为高校研究生教育深化改革者们思考的问题。从2015年开始，国务院办公厅发布《关于深化高等学校创新创业教育改革的实施意见》《关于印发国家教育事业发展"十二五"规划的通知》《关于学习贯彻落实全国高校思想政治工作会议精神的通知》《关于加强和改进新形势下高校思想政治工作的意见》《统筹推进世界一流大学和一流学科建设总体方案》，教育部《普通高等学校辅导员队伍建设规定》《高校思想政治工作质量提升工程实施纲要》《统筹推进世界一流大学和一流学科建设实施办法》等一系列文件的出台，指出了新形势下，研究生教育深化改革的紧迫性和方向。

国家研究生教育几个发展时期的变化，充分显示出高校研究生教育改革与社会经济发展、科学技术进步息息相关。经济发展推动科学技术发展，科学技术发展依赖于各类高端研究人才的培养，而且也推动着研究生教育的发展；同时，研究生教育的改革和发展也适应并推动着经济社会的发展，关乎着国家的强大和命运。

二、我院研究生教育回顾

传承了百年湘雅历史的中南大学湘雅二医院，1958年建院，至今整整60年，肩负着国家临床医学人才培养的大任，临床医学研究生培养教育也走过了整整40年。

我院临床医学研究生招生始于1978年，属于国家第一批硕士研究生招生；截至2018年，我院已培养临床医学博士生1849名、硕士生5156名，大批杰出毕业生引领着国内、国际医学医疗和科研前沿。研究生教育40年，我院临床医学研究生教育经历了诸多组织机构、招生模式、培养体系等多方位的改革。

（一）研究生教育组织机构改革

1978年，我院开始研究生招生，研究生管理工作由医院科研科管理。随着研究生招生规模的逐年扩大，研究生导师和研究生人数随之增多，研究生管理工作也日益增多，所以，研究生管理工作要更规范。在学校统一部署下，2010年10月，医院成立了独立的研究生教育管理部门"研究生部"，研究生部主任兼任研究生党支部书记。在党中央、教育部、学校的重视和加强高校学生党建工作、学生思政工作的要求下，2016年11月，医院成立专门的"研究生党总支"，派驻了专职书记。2017年10月，以1∶200的比例为研究生配置专职辅导员5人、心理辅助老师1名，在研究生部门下设立了"研究生思想政治辅导员工作室"以及"研究生心理辅导工作室"。医院研究生教育管理逐渐形成完善的院、校双重管理组织机构。

（二）研究生招生模式的改革

1978年，我院第一批临床医学硕士招生11人。1986年，第一批临床医学博士招生3人，此后，研究生招生规模逐年扩大，到2018年，硕士招生人数达341人、博士招生152人，40年来，研究生招生规模扩大几十倍。同时，为多元化广纳优秀人才，招生模式由2000年前的单一的全国统一考试招生，逐渐发展为统一考试、推荐免考、单独考试、综合选拔等多种招生模式，选拔人才时更注重综合素质、综合能力。

（三）研究生培养模式的改革

首先是导师制的演变。1978年，我院第一批导师人数仅为7人，被聘任导师人数少。为保证研究生培养质量，成立了"导师指导小组"，每位研究生的培养由导师为主组成指导小组集体指导，小组包括导师、副导师，以及其他临床或实验室教师。在集体指导研究生的同时，小组内其他成员也得到了指导研究生的锻炼。随着研究生导师人数的增多及学科专业方向的精细化，"导师指导小组"逐步演变为"导师负责制"，由导师一人负责各自所招研究生的培养。为了严格研究生培养质量要求，导师实行"一岗双责"，除了负责对研究生临床实践、科研能力进行培养外，还必须负责学生思想品德、学术诚信等综合素质的培养。其次是培养类型的演变。随着国家对医学人才需求的改变，临床医学研究生的培养方向从2000年前主要招收科学型研究生，旨在培养创新性医学科研人才，转变成2000年后，在科学型研究生培养的基础上，重视并加大对临床专业型研究生的培养力度，为临床一线培养和输送高素质医学人才，形成"医教协同"的临床专业型研究生培养模式。

(四) 我院特色的临床医学研究生教育"守底线，抓质量，创特色"的管理模式形成

40年来，我院研究生培养教育历经我院多届教育管理者、研究生导师的辛苦耕耘和不懈努力，我院特色的教育管理模式得以创建。"守底线"，即通过不断改善研究生生活、工作条件，完善心理互助体系，关心研究生心身健康，加强道德和学术诚信教育与督导等方式，守住研究生的人身安全、道德品质、学术诚信底线。"抓质量"，即从招生、培养、学位授予等多环节建立完善的制度并严格执行，逐步提高我院研究生导师队伍水平以及研究生培养质量。"创特色"，即创出高学术水平的特色，我院荣获两项全国优秀博士生学术论文奖，此奖项代表了国家研究生培养质量最高学术水平，创出与国际并轨的特色。近十年来，我院已通过多种基金支持联合培养、联合科研等形式，派出研究生到国外顶级水平大学学习，培养有出国留学经历、具国际视野的人才数百人，同时也形成了研究生高就业率、从业机构高评价度的特色。

走过40年，还将走向更多个40年。加强研究生教育、医学人才培养是国家需求，为国家培养医学高端人才乃是湘雅人之大任。习近平总书记提出的高校教育"培养什么人，怎样培养人，为谁培养人"是教育者必须思考的关键。高度重视"立德树人"，重品重德是人才培养之先。培养有创新精神、愿意为实现人民美好的"中国梦"而攻坚克难的医学人才是培养的目标。而怎样实现这个伟大的目标？怎样传承百年湘雅"公勇勤慎，诚爱谦廉，求真求确，必邃必专"的精神？怎样在建设中国特色社会主义新时代大背景下，为

实现人民健康的美好梦想，培养出能担此重任的优秀医学人才、未来医学栋梁？这都值得研究生教育工作者从历史实践中总结，在总结中思考，从思考中摸索出临床医学研究生教育的规律、新时代医学研究生教育的创新点和特色。

我们诚邀了我院临床医学研究生教育的老前辈，诚邀了受湘雅临床医学研究生教育培养，或有着国外不同研究生教育经历并成为现代医学研究生教育顶梁柱的中、青年优秀导师，诚邀了研究生教育管理、学生辅导的新、老优秀教育工作者撰稿，从医学教育发展的角度和医学教育的规律，写出各位从教者的经验、故事，以及对新时代临床医学研究生教育的思考。我们收集、编辑成此册，以纪念我院临床医学研究生教育40周年，以带动对临床医学研究生教育未来的思考。同时，也谨以此册，向我院60华诞献礼！

编 者
2018年8月1日

研究生教育照片集锦

历史照片

建院初期全院职工合影留念(1958年)

医院全景图(2018年)

 伍汉文（1925—）
 吴振中（1920—2011）
 严淑芳（1917—2001）
 黄世章（1919—2005）
 金庆达（1920—1994）
 蔡大立（1923—2014）
 孙定祥（1913—2005）
 游孟高（1921—2009）
 龚耀先（1923—2009）
 沈泽霜（1923—）
 杨德森（1929—2017）
詹樾（1923—2002）

建院初期研究生导师代表

1978年招收首批硕士研究生

学科专业	研究生导师	研究生	
心血管内科	李伟芳	李广镰	王兆禹
消化内科	蔡大立	李 群	
胸心外科	詹 樾	肖学钧	
普腹外科	金庆达	张柏和	冯大作
儿科	严淑芳	李文仲	夏呈森
精神科	龚耀先	谢光荣	
精神科	杨德森	缪金生	郑延平

首届硕士研究生谢光荣毕业论文答辩合影

首届硕士研究生冯大作毕业论文答辩合影

首届博士研究生周智广毕业论文答辩合影

庆祝恢复研究生招生十周年师生座谈会

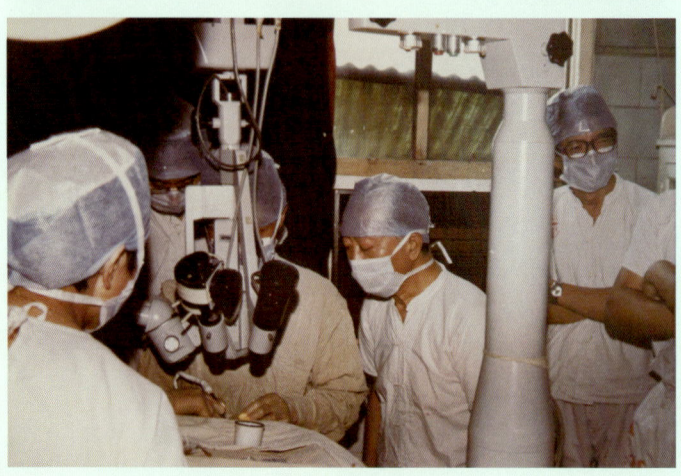

博士生临床能力考试

师生联谊会

研究生文娱活动

第二届研究生会改选张其亮副院长讲话

第二届研究生会部分代表合影

第四届研究生会改选赵水平导师讲话

第四届研究生会改选徐军美主席作工作报告

研究生政治学习

研究生接受传统教育——参观第一师范

研究生接受法制教育

骨干导师

临床研究生导师合影

中南大学首届"研究生最喜爱的导师"颁奖典礼

研究生导师大会

学术交流

香港中文大学刘允怡院士报告会

中国工程院副院长、第四军医大学樊代明院士报告会

研究生在国际学术会议上交流

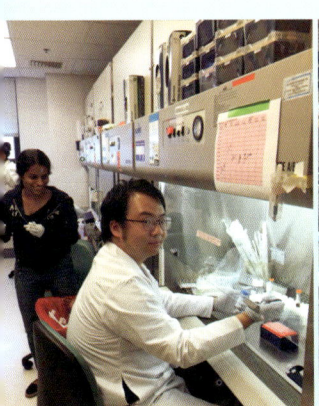

研究生海外学习

评估工作

中南大学临床医学博(硕)士学位授权点国际评估

中南大学研究生院李劼院长为国际评审专家主席颁发聘书

中南大学临床医学(学术型)学位授权点国内评估

党建工作

研究生党支部分小组学习党的十八大精神

医院党代会研究生代表团

研究生党总支党日活动

研究生五四青年节拓展训练

辅导员队伍

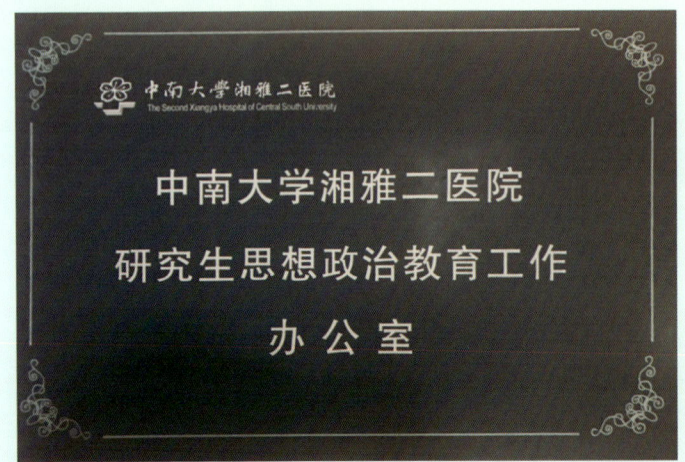

医院成立研究生思想政治教育工作办公室

辅导员队伍建设

辅导员参加中南大学辅导员暑期培训班

心理健康教育

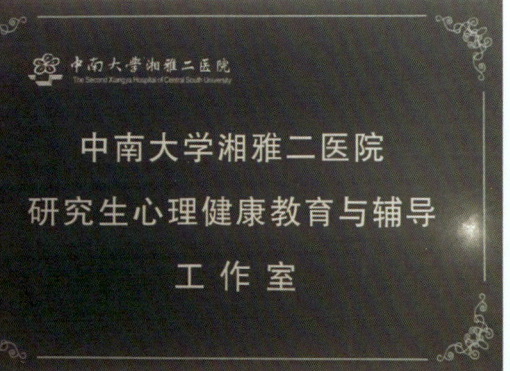
医院成立研究生心理健康教育与辅导工作室

研究生接受心理辅导

朋辈心理互助队工作会议

心理互助队培训

校园文化

研究生新年音乐会

研究生新春联欢会

社会实践

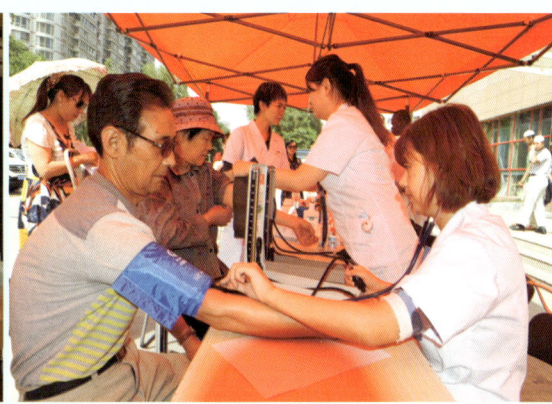

研究生参加社会实践活动

研究生义诊

榜样力量

全国首位捐献骨髓的医学博士生莫淼

时任中南大学党委书记高文兵一行看望莫淼同学

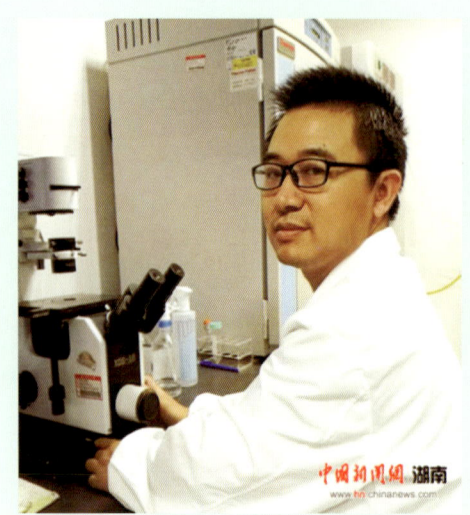

列车救治陌生乘客的医学博士生罗科

表扬信

培养成果

全国优秀博士学位论文证书

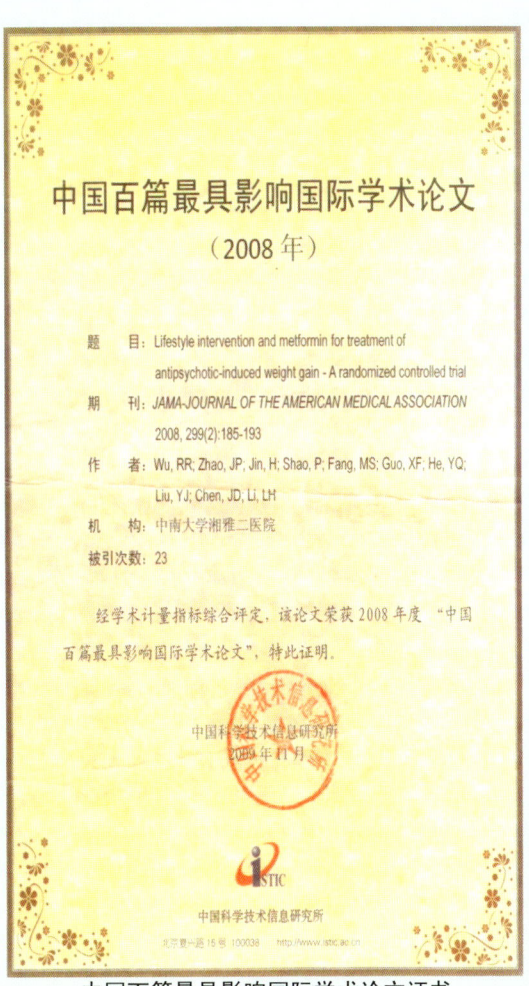

中国百篇最具影响国际学术论文证书

毕业教育

中南大学学位授予仪式

研究生毕业照

学位服毕业照

目 录

上 篇 ... 1

伍汉文：坚定信念　以德授学　坚持为本 ... 3
傅荫宇：医者仁术　门墙桃李 ... 6
孙材江：良医术业专攻　贤师传道解惑 ... 10
张其亮：从医之路　矢志不渝 ... 15
林秋华：立足学科发展　培养优秀人才 ... 20
易著文：行医终成济世仁医，教书但求无怨无悔 ... 25
廖二元：临床教学管见 ... 29
张亚林：张亚林教授讲给他的研究生们的一席话 ... 37
谢鼎华：要注重培养研究生的道德修养、创新能力和社会服务能力 ... 44
张广森：教学相长三十载　凤凰涅槃得重生 ... 48
霍继荣：医学研究生究竟学什么 ... 54
赵水平：新时代临床研究生培养思考 ... 59
李凌江：鱼与渔——我与恩师杨德森教授 ... 64
彭佑铭：师者应率先垂范，医者应仁心仁爱
　　　　——培养临床医学研究生的点滴体会和认识 ... 67
郝　伟：精神病学科成瘾医学方向研究生培养——我的经验与体会 ... 72
苗雄鹰：栉风沐雨育桃李，薪火相传谱华章 ... 78
姚树桥：心理学专业研究生培养之我见 ... 82

蒋宇钢：神经外科研究生 40 年 ……………………………………… 86
周智广：临床研究生教育：传承与创新 …………………………… 92
向旭东：急诊医学研究生培养体系的构建 ………………………… 97
陆前进：医学研究生教育之感悟 …………………………………… 103
胡治平：爱与自由——我的研究生教育思考 ……………………… 109
陈　平：温良恭俭，内外兼修——我对现代医学研究生教育的思考 … 113
舒　畅：外科学研究生教育之管见——浅谈传承与创新 ………… 117

下 篇　121

李　玲：想与研究生辅导员说的话 ………………………………… 123
徐迅迪：我的研究生教育之路 ……………………………………… 127
黄　金：应用积极心理学引导研究生形成积极人格 ……………… 131
肖　涛：继承湘雅精神，把握时代脉搏，培养满足新时期需求的
　　　　医学科研人才 …………………………………………… 136
李乐之：开展与时代同行的护理研究生教育 ……………………… 140
吴尚洁：有感于传承——湘雅精神之瑰宝 ………………………… 144
袁运长：浅谈湘雅医学教育管理 …………………………………… 148
赵丽萍：不慌不忙地成长 …………………………………………… 152
李亚敏：浅论护理研究生的教育培养 ……………………………… 155
戴茹萍：求真求确，必邃必专——医学生科研的价值与实践探讨 … 158
张东山：培育 AKI 英才，追赶国际脚步 …………………………… 162
吴仁容：一个研究生的成长路 ……………………………………… 165
赵　明：如何为研究生搭建通往科学殿堂的桥梁 ………………… 170
于碧莲：躬身力行，任重道远——我的硕士生培养心得 ………… 175
张晶晶：乐学勤勉，止于至善——论青年医学生的成长 ………… 179
陈明佳子：美国医学研究生课程设置体系的借鉴与思考 ………… 183
李　宁：做一名新时代"四有"辅导员 …………………………… 186

上篇

伍汉文：
坚定信念　以德授学　坚持为本

伍汉文教授出生于香港的一个医学世家，小学就读于广州，抗日战争时期他考入内迁到贵阳的湘雅医学院。先生今年93岁，长期从事内科学，专攻内分泌学、遗传学和营养学。到现在，中南大学湘雅二医院的门诊楼里还能见到这位慈眉善目的老专家在坐诊，耐心地为病人看诊、解惑。他写的正楷字正如他的为人一样善良、执着、正直。下面是我们对伍老师的一段专访。

记者： 研究生导师对保证研究生教育质量有着至关重要的作用，而教书育人是湘雅这块金字招牌的亮点，您是德高望重的第一批博士生导师，请您给我们谈谈，老湘雅要传承下来的优良传统，以及您是如何培养学生的，在培养中应当注重什么。

伍老师： 我1950年毕业于湘雅医学院，工作了60多年，作为一名学者型医生，一生都在为患者服务，也在培养研究生时，做课题、做研究，并且发表论文400多篇，写书50多本。学者型医生不是一句空话，我以前经常对我的学生说："你们将来要成为一个学者型的临床医生，这跟一般的医生不同，学问比一般的临床医生要好，对于医学的钻研要很深入，平时要经常看书、看杂志，吸取新的知识，要对国家对人民有用处。"

记者： 1978年国家恢复研究生教育，您是早期招收了硕士研究生和博士研究生的导师，您的学生无论在数量还是质量上都是领先于其他人的。在研究生的培养过程中，您体会最深的是什么？能给我们讲讲印象特别深刻的小故事吗？

伍老师： 培养研究生，老师与学生都要不怕艰苦。举个例子，20世纪80年代，我们开始对无机盐代谢失衡在糖尿病慢性并发症发病过程中的重要性进行研究，其中，测定糖尿病患者钙、磷、镁、锌代谢失衡情况相当不易，但我仍然建立了这个实验。这项工作很辛苦，又脏又累，要收集患者24小时的大小便，检测钙、磷、镁、锌量，每天实验室里充满了大小便的恶臭，在里面做一天实验，头发和衣服全是臭味。老师、学生坚持一起做实验，我的学生非常刻苦。现在实验方法进步了，不需要这样做了，但这种不怕艰苦的精神不能丢。这项研究发表了很多论文，其中，《糖尿病无机盐代谢失衡与慢性并发症的关系》于1992年获国家科技进步三等奖。这是中华人民共和国成立后国家首次授予糖尿病研究国家科技奖。

记者： 现在国内外环境复杂，社会节奏快，人心容易浮躁，您一直都潜心于医学研究，在坚持的过程中有没有外界的干扰？您又是如何一直保持着您的爱国情怀的呢？

伍老师： "文化大革命"的时候我被下放到湘西，三年时间里一直住在农民的家里。当地医生很少，常常半夜有患者，我就要去出诊，都是山路，甚至有时下着雨，要走上一天才能到达患者家里。这么艰苦的条件下，我一直都乐观、积极地工作。医者仁心仁术，农村和个别地区生活非常艰苦，很多患者没有钱治病，我们开处方提倡"少花钱，治好病"。艰苦中磨炼了意志，不管在什么情况下，我始终如一地为患者服务，认真做研究。

记者： 您以前在基层那么艰苦的条件下都能坚持工作，现在的研究生在湘雅二医院这样优越的条件下学习，您对他们的临床工作有什么要求？

伍老师： 在"文化大革命"快要结束时我就陆续在带研究生了，做了很多的培养工作。我要求研究生除了在学术上有研究，还要很好地完成临床工作，要做一位好医生。我们过去对危重患者都是几天几夜地看护着，守在病人床旁，观察病情、观察治疗效果，积累了丰富的临床经验。现在很多年轻人做不到了。要做一名好医生，就必须经过艰苦的磨炼，要有不怕苦、不怕累的精神。

记者： 您对自己的学生也是如此要求的吗？

伍老师： 是的。做好医生，医疗是最基本的，要认真对待每一位患者，书写好病历，检查好患者，观察好病情，提高临床诊疗能力。还要做好科研，科研是升华，要读书，要看文献，要学英语，要做实验，要写好论文。这些我都乐于手把手地教他们。

记者： 您说了教育是最大的事儿，您想跟我们的导师说些什么？还有什么建议吗？

伍老师：一个人一生应该有一个方向，这个方向是如何定下来的呢？一方面是党的教育，另一方面要懂得中国的历史。我读小学的时候，课本是商务印书馆印出来的书，战争年代商务印书馆被炸掉了，于是很小的时候我就知道国难当头了。在这之后，小学到大学都是战乱的年代，主要是抗日战争，所以我的爱国思想是根深蒂固的。中国不强盛不行，必须强大起来。到了解放战争的时候，逐渐地接触到中国共产党的思想，了解并认识到中国共产党是真的为中国人民谋幸福。我是广东人，生于香港，原本可以回香港发展，但湖南和平解放后我就留在湖南了，我们湖南医学院①很好，我也就慢慢扎根在这里了。所以，爱国、爱院、爱事业是非常重要的。现在很多人喜欢打麻将、玩扑克，这样是不行的。要多看书，看各方面的书，中文、英文的都是需要看的。一切事情都要靠坚持。

伍老先生拿出了精心保存的几本厚厚的、整洁的笔记本，上面满满记录着自己带过的每一位硕士生和博士生的情况，说起他们如数家珍，喜爱之情溢于言表。最后先生激动地说道，他的一生对党和国家忠诚，对事业执着，对病患善良，一直坚守在湘雅这块他心爱的热土上，不遗余力地传播着湘雅精神。伍老师的座右铭是："一息尚存，耕耘不止。振兴中华，毕生为斯。永远奉行，绝不转移。"这也是他一生弘扬湘雅精神的真实写照。

---

① 湖南医学院、湖南医科大学、湘雅医学院均为中南大学湘雅医学院的曾用名，湘雅二医院曾经是湖南医科大学的附属医院。

傅荫宇：
医者仁术　门墙桃李

"师者，所以传道授业解惑也。""医者，仁术也，博爱之心也。当以天地之心为心，视人之子犹己之子，勿以势利之心易之也。"千百年前的文字，字字珠玑，句句经典，是对每一位老师与医者的规范与鞭策。而在我们的身边，就有这么一位身体力行的实干者，用坚持书写着心中的博爱，用时间印证着医者行医的意义。他就是中南大学湘雅二医院骨科教授、优秀博士生导师傅荫宇教授，他有着医者的博爱仁心。下面就是我们对傅老师的一段专访。

记者： 傅教授，您于1954年毕业于云南大学医学院，然后一直从事医疗工作。现在我们大家的生活条件好了，生活的节奏更快了，人心也容易浮躁，是怎样的信念支持您这么多年来一直坚持临床和教学工作，如今还在看专家门诊呢？

傅老师： 谈到这个问题，就必须从我的成长历程谈起。我的父亲是一名军人，在陈纳德将军的"飞虎队"的抗日情报站工作。我也是在抗日战争年代之中成长起来的，从我有记忆开始，就是跟着母亲逃难，从湖南常德，经过芷江，逃到贵阳，最后定居昆明。

我选择学医，主要是受到我的老师的影响。中学时的老师曾经建议，说我的成绩很好，性格也很适合学医，从此我对学医也就多了一分憧憬。所以高中毕业后我考入了云南大学医学院。大学毕业后我被分配到了当时的湖南医学院。湘雅是很有名气的，我为能分配到湘雅感到非常荣幸。我从1956年参加工作起，就一直从事骨科工作，到现在将近60年了，一直都没有离开过湘雅。我既然选择了医生这个职业，就要对医学工作就就业业，争取做出一点成绩来，不能从私人的角度来考虑得失。哪怕我退休了，我仍然要为我们老年人做点什么工作，例如我现在还在给老年人讲课，告诉老年人如何养生保健，特别是骨关节的养生保养。

我认为，人一辈子只有那么短短几十年，要把自己的心血完全倾注在医学上才有可能做出有用的成果，否则时光一下就过去了。我没有想过自己的名气有多大，也没想到学生多么敬重我。我今年已经86岁了，还有点精力坐坐专家门诊，发挥自己的余热，为医院做点贡献。

记者： 您在从医过程中有什么记忆犹新的小插曲吗？

傅老师： 在20世纪80年代改革开放初期，湖南医学院成立了一个新的机构，叫"医学教育研究所"，当时我被任命为副所长，徐有恒校长兼任所长。当时有世界银行的贷款，成立了一个叫DME的项目，让我做项目负责人。D是design，M是measurement，E是evaluation，用中文翻译就是"设计测量评价"，这些内涵组成了一个新的单元。因为当时大家都不清楚具体内容是什么，项目要如何做，所以就必须派人去国外学习。于是我经中华人民共和国卫生部（以下简称卫生部）批准，去了美国学习，到当地参观了很多大学和医院。在宾州大学有一位Eisenburg教授，通过交流我才认识到所谓DME就是临床医学的科研。一个好的科研项目必须要有好的设计、好的测量和计算，以及好的评价，否则科研就达不到最好的水平。

因为时间紧迫，我只在美国待了半年的时间，很多有用的资料只能打包寄回长沙再细细研究，足足有三大包。回国慢慢阅读后，我了解了论文应该如何设计、怎样做统计学处理等。我还把做统计学的教研室也拉到了DME的项目组中来，同时派了很多学生出国留学。慢慢地，DME项目做起来后，湖南医学院成立了临床流行病学研究室，后来的询证医学学会也是项目发展的结果。我一直觉得国家提供资金是让我培养人才的，不可辜负，大家也都很尊敬我，没想到一个外科医生可以把内科系统的项目做好。最后我还是回到了骨科，回来的时候把这个研究室带回了湘雅二医院，让整个骨科专业在湘雅二医院生根开花了。

记者：您还记得您教了几位学生吗？在教书育人的过程中，有没有印象特别深刻的、有趣的或感动的例子？

傅老师：我一共带了10位学生，每一位我现在都还能数出他们、记得他们的名字。虽然我带的研究生不多，但是都很优秀，他们都在自己的专业领域做出了贡献。我感到很骄傲。

我印象最深的是王大平，因为他是我培养的第一位博士生，我也倾注了很多心血来带他。王大平现在是深圳市医院管理委员会主任，也是深圳市的市级干部。记得当时我对他的课题论文要求很严格，他做完课题，把报告交来，我都是逐字逐句地修改、完善。他在论文答辩的时候，由著名骨科专家朱通伯教授任答辩委员会主席。评审论文的时候都要打分。计分以后，秘书就把分数报出来，他的论文是89分。朱通伯教授当场就说太可惜了，这真的是一篇非常优秀的论文。结果其中有一位评委发现自己写错了分数，再次核定分数后，这篇论文最终拿到了95分的高分，被评为优秀论文，王大平的学习成果也得到了肯定。

倪江东教授是我的硕士研究生。他现在是博士生导师，非常优秀，带学生也很严格。他态度和蔼，学生有做得不对的地方就耐心指正出来，不会伤害学生的自尊心，所以学生对他的评价非常高。2014年倪江东教授被评为"湘雅名医"，我也感到非常欣慰。

记者：您觉得导师在与学生的交流中最应当注重什么？

傅老师：我作为导师，会尽量给予学生们最大的帮助。当年我带研究生的时候，科研经费比较少，我都是从自己的经费里面拿出来，提供给学生做科研。平时对学生也很关心。我的特点就是对学生很和蔼，带他们做手术和查房时从来不会恶言相向或者训斥他们，不伤害学生们的自尊心。如果学生做得不好，我这次给你指出来，下次改正就好了。我在手术台上给学生们示范的时候，非常注重步骤清楚、解剖清晰，这样学生学习起来一目了然，学生们自然也愿意和我多交流沟通了。

当年我教我的学生时都是真心真意、毫无保留、事无巨细、严格要求的，这是作为老师应当做的，所以年轻医生很喜欢跟我一起上手术台。付出就有好的结果，我的学生都对我很尊敬，再次遇见我都很热情。

记者：我们的导师和研究生都面临一个问题，就是导师希望研究生能取得比较好的科研成果，而研究生们却要面对临床、科研和就业的多重压力。有一种说法，当今的师生关系越来越冷淡了，您是怎样看待的？年轻的导师们应该往怎样的方向努力？

傅老师：我离开研究生的教育工作已经很久了，不太了解现状。我认为导师培养研究生相当关键的一个方面，就是必须要倾注精力在研究生的身上。而做一个好的研究生必须要有良好的品德，比如坚决不抄袭论文、实事求是。技术、学习和品德要同时抓，这样他们才能很好地成长起来。虽然我们的学生都是成年人了，但是很多方面还需要靠导师的引导和提醒，才能够更好地成人成才。

记者：最后，您想对我们的导师说些什么？还有什么建议吗？

傅老师：导师在教育研究生的时候，首先应该做好自己。我的很多好习惯也是我的老师教的，甚至我从医都是因为受到我老师的影响。可见老师对学生的指导是很重要的，可能一句随口的话，学生也会记在心里。小时候我也经历了很多苦日子，所以我觉得人的一辈子时间太短了，不能把自己的工作看成儿戏，要认真。我们湘雅的校训，"求真求确，必邃必专"，非常有意义。我今年86岁了，但还是要继续努力，做自己应该做的事。

傅荫宇老师虽已年过八旬，却依然风度翩翩，能说一口流利的英语。他对工作认真钻研，对学生诚心关怀。傅老师在行医的路上用一颗医者仁心，让世人敬仰。访谈已经结束，但傅老师的话却余音绕梁：人的一辈子时间太短了，不要把自己的工作看成儿戏，任何事情都要认真。求真求确，必邃必专，这才是人生真正的意义。

孙材江：
良医术业专攻　贤师传道解惑

司马迁在《史记》中有言："其身正，不令而行；其身不正，虽令不从"，这是中南大学湘雅二医院骨科教授、研究生导师孙材江老师一直遵从的处事原则。孙老师是湘雅二医院建院元老之一，见证了医院半个多世纪的风雨历程，他长期从事骨科，特别是创伤骨科及中西医结合工作。他是湘雅精神的"活标本"，虽已年过八旬，但精神健旺，目光炯炯，声音洪亮。下面就是我们对孙老师的一段专访。

记者：您是我们湘雅的老前辈，老湘雅传承下来了许多优良传统，一批老的研究生导师一直在研究生教育中发挥着重要作用。但是现在有人认为，导师和学生之间的关系没有以前亲密了，您是怎样看待的？年轻的导师和研究生们应该往哪些方向努力？

孙老师：我对研究生工作的一些看法，可能是老观点了，但是也可作为参考。首先，我认为导师和研究生的关系，应该是"尊师爱生、教学相长"，共同为发展医学事业、服务病人而互助互学的同事和朋友关系。过去，传统观念界定师生关系如父子，在我的学生中也有着"一日为师、终身为父"的观念。虽然这种说法有点不合时宜，甚至陈旧偏悖，但也可说明导师在师生关系中的地位和责任。其次，从宏观上来看，在研究生工作中，导师应起主导作用。如果有的师生间的关系有些紧张，尽管应从师生双方面找原因，但可能更多的是导师的责任。导师和研究生之间可能存在人生观、价值观和思想上的差异。作为老一辈，对年轻一代应该以培养教育、指导帮助为主。导师的责任重大，必须全力以赴。

1978年，骨科要建立我省第一个硕士研究生点，医学院领导希望由我担任首任导师，当时我还是副教授，深感责任重大，任务艰巨。而当时自己能力有限，且临床任务繁重，恐不能全力以赴，因而压力很大。此后我主动辞去院长和科室主任等职务的原因之一，也是为了保证自己有更多时间和精力带好研究生，不脱离临床。例如，我的第一届研究生科研课题需要做一项生物力学测试，当时各方面的条件都很差，科研经费非常短缺，我和研究生只好共同努力、克服困难，甚至夜晚还要骑自行车去河西原中南矿冶学院(现在的中南大学)力学教研组的实验室，自己动手进行"应力测试"和"光电感应"等实验。虽然工作艰辛，但通过共同努力，我们不仅成功地完成了实验任务，而且写出了被交通大学录用并可以参加全国首届固体力学学术会议的论文。这篇论文是研究生论文答辩的作品，不仅凝聚了师生的心血和汗水，也加深了彼此间的理解和情谊，师生间关系变得更加融洽。

说实话，我很少想到今天有的导师和研究生之间的关系会变得略微紧张。如果是因为导师对学生过严，工作或生活上关心照顾不够，或者研究生不尊重导师，不够谦虚谨慎以及在学术观点存在分歧等原因，都可以通过商讨、沟通来解决，关键在于双方都要以"与人为善"和"从善如流"的态度互相体谅，相互谦让。导师对待研究生要像长辈对晚辈一样关心、爱护，在学术问题和研究工作中要看到学生们思想敏锐、敢想敢做的创新精神，要关心和支持他们的工作、学习和生活；还要做到不耻下问，虚心向他们学习，在互教互学、互帮互利的过程中，共同完成培养研究生的任务。在我的论著中，至少有五分之一以上的篇章，是我和研究生一起定向、立题、审定后完成的。在临床医疗和科研工作中，我也总是关心、支持并且亲自参与，和学生协作完成。

在长期从事研究生教育工作的过程中，我深深体会到，导师自身的能力和条件，特别是思想认识水平，体现了其工作能力，更重要的是反映了导师能否以身作则、言传身教，能否在潜移默化中影响学生。我受儒家思想的影响较多，推崇韩愈关于"教育"工作的论述，《师说》中讲道："师者，所以传道授业解惑也"。"道"即理念，指人生观、价值观、道德观；"业"即专业、知识、技术；"惑"即疑难问题。这虽然是距今一千余年前的唐代封建社会的论述，但其仍具有鲜活的"古为今用"的现实意义，可作为现代教育工作者的范文。

记者： 您比较欣赏哪种类型的研究生呢？

孙老师： 关于如何选择研究生的问题，我除了按照国家规定的标准择优录取外，还会对来自偏远地区或基层单位以及学历不高的医务人员，甚至是当时普遍被认为不适于学习骨科专业的女性等弱势考生给予适当关怀和照顾。例如，当年政策规定允许具有同等学力的大专毕业生报考，我就优先招收了来自云南边境和某些山区的考生，甚至力排众议，率先在我省招收女研究生。当时由于名额有限，我只能将来自城市大医院的本科生转给其他导师培养，因为我主张"不拘一格降人才"，并认为这些学生知道机会来之不易，学习和工作都会更加努力，而且有基层工作经验的学生对党的医疗卫生政策的体会可能更深刻，对病人也可能会更加关爱。之后的事实证明，这些研究生表现都很好，毕业后都能留在本院或在其他院校工作，并均已成为所在单位的骨干。

我选择研究生，特别重视道德品质，要求笃实谦诚、勤敏好学。除此之外，应具备比较坚实的基本理论知识和基本技能，还要具有一定的临床经验，有正确的学习目的和方向，有克服困难的信心和勇气，成不骄、败不馁。

记者： 在工作之余，您有什么兴趣爱好？您认为现在的年轻人应该以一种什么样的状态投入到学习和工作中？

孙老师： 我的业余爱好比较广泛，主要是在人文、艺术、文学等方面。

首先，我喜欢阅读。我自幼就酷爱读书，成年后，更将"博览群书"作为我的目标。我信奉"展卷有益"和"书籍是人类进步的阶梯"的箴言，因此，我除了努力工作、挤出时间学习有关专业知识外，还坚持废寝忘食地阅读，主要是历史、考古、推理、科幻等类型的书籍。为此，我耗费了大量财力和精力，但我却得到了丰富的回报。读书不仅使我能不断学习和更新知识，与时俱进，还能陶冶情操、敬业乐群。在培养研究生的工作中我体会尤深，反复向年轻一代介绍明代知识分子"风声、雨声、读书声，声声入耳；家事、国事、天下事,事事关心"的楹联。我虽爱书如命,但也主张应通过出借或赠送的方式进行传播和交流,为此,我会慷慨地将自己的藏书借给或赠送给我的学生、亲友、研究室和图书馆,我在书的扉页都会盖上"书为自读,亦为交流;展卷有益,既博且专"的印章,以弘扬读书的风气。

其次,我喜爱收藏。我认为"收藏"就是珍藏历史、纪念和回忆,而不是为了猎奇或营利。我收藏的品类很多,大多是自己用过的旧物和亲友馈赠的礼品,如剪刀、钢笔、毛主席像章、邮票等,其中以指甲剪为最多。我也收藏石头,藏石都是我跋山涉水亲手采集的。我热爱大自然,偏爱山川海洋、名胜古迹,也喜欢吟诗赏月,每逢星月皎洁的夜晚,我常踏月、宵行,深夜忘返。为了强健体魄,增广见识,我坚持旅游,秋凉后我还准备重游抗日战争年代的故地。

再次,我喜欢音乐,喜爱唱歌。有第二次世界大战和我国抗日战争期间许多不为人知的弘扬爱国主义、抗击日寇的歌曲,我至今仍能准确、完整地咏唱。我还喜爱欣赏各种名曲,并会几种乐器的演奏,口琴和电子琴是我常用的自我娱乐消遣的方式,还曾与学生和同事共同演奏。

总之,积极向上的业余爱好不仅可以陶冶情操,还能弘扬爱国主义精神、承接优良传统、美化人文生活、团结广大群众,希望导师、研究生能和我达成共识。

记者: 最后,您有什么想说给我们的导师和研究生的话吗?

孙老师: 我认为我们培养研究生的工作在原有的基础上正不断发展、规范和完善,导师和研究生的关系总的来说,是正常和良好的。但随着社会经济的转型和教育体制的改革,人们的思想意识还不能完全适应社会环境的变化,所以,人际关系包括高等院校的师生关系,必然会出现一些需要不断调整和解决的问题。解决问题的方式除了领导和管理部门的重视和干预外,导师和研究生也应主动审视自我,加强师生的联系和沟通。

对导师而言,要关爱学生、以身作则、平等待人;要谦虚严谨地努力学习掌握新知识和新技术;要以德服人,在道德修养和学术造诣方面做学生的表率;还要在工作、生活和学习方面关爱和感召自己的学生,成为他们的良师益友。

对研究生而言,应尊师重道、敬业乐群、谦虚谨慎、刻苦钻研、努力学习、提升自我、修身养性;远离不良生活习惯,力争德智体全面发展;正确对待爱情和婚姻、家庭问题。研究生要百倍珍惜党和政府给予的深造机会。

导师和研究生都要摆正各自的位置;要包容谦让,正确看待自己的优缺点。正如韩愈所说的,"圣人无常师","是故弟子不必不如师,师不必贤于弟子,闻道有先后,术业有专攻,如是而已",我想如果师生都能真正理解这些话,并身体力行,就能优化师生关系。

领导和有关管理部门要更加深入了解研究生的动态,及时发现和解决问题,及时化解矛盾;组织安排研究生进行文化娱乐活动、人文知识学习;在生活上给予适当照顾,如适当改善食宿水平和学习条件,将研究生的工作纳入院校关工委的工作范畴,动员已退休的老一代导师参与,在不违背政策和条件允许的前提下给予研究生一定的福利待遇。

总之,我希望师生之间的关系融洽和谐,即使出现矛盾,也只应该是在学术观点上,而在工作、学习和生活的细节方面,大家要多交流多沟通,互相谦让。学生要尊重导师,导师也要听取学生的意见,不要对立,要求大同、存小异,双方都要有大局观,都要珍惜这样难得的机遇。

访谈结束时,笔者十分感慨:在医学上术业专攻,在教学上传道解惑,把纯粹的事做到极致,那就是成功。我们的孙老师在骨科成名后仍不断奋斗,做出更好的成绩,接触他的人都知道他诚重敦厚、谦逊温和,没有半点架子。最后,让我们用一首孙老在其80岁寿辰写的自喻诗来总结这蕴含在一代代湘雅人心中"公勇勤慎、诚爱谦廉"的湘雅精神:

已逾古稀又十年,
不服耄耋仍争前。
形体虽衰气犹盛,
蜡炬犹燃蚕未茧。"

张其亮：

从医之路　矢志不渝

　　张其亮老师，1933年12月出生，1959年毕业于湖南医学院，同年分配到湘雅二医院皮肤科，工作至今，长期从事医疗、教学和科研工作，是我国美容医学学科及美容皮肤科学领域的著名专家，享受国务院政府津贴。张老师现任中南大学湘雅二医院皮肤性病科主任医师、教授、硕士研究生导师，曾任中华医学会医学美学与美容学分会第一、二届委员会主任委员，中华医学会医学美学与美容学分会第三至五届名誉主任委员，《中华医学美学美容

杂志》总编辑，湖南省医学美学与美容学专业委员会第一、二届主任委员。张老师主编及参编专著18部，发表医学论文60余篇。张其亮老师擅长皮肤性病学、医学美容及皮肤美容学，对损害性皮肤病、结缔组织病、化妆品皮肤病等有较多研究，并有丰富的治疗经验。

"因为受到'湘雅精神'的熏陶，我一直严格要求自己。"张老师如是说。"工作认真、经验丰富、医德高尚"，这是许多患者和家属对这位老专家的赞誉。在网络上，我们还找到了患者写给张其亮老师的感谢信。张老师说："在一个高等的医院，主要任务是医疗、科研、教学，还有人才培养。"张其亮老师是改革开放后第一批"双肩挑"的医院管理干部，他肩负了教学管理、临床科研管理两项重担，除了每周查房和看门诊，保证临床方面的工作能很好地完成之外，还把其余的精力和时间全部放在了科研和教学管理工作上。

说到教学管理工作，就不得不提到让张老师最为自豪的一段经历。20世纪八九十年代，卫生部曾多次组织国内10余所部属医学院校应届毕业生进行专业知识与技能综合的统一考核。当时参加统考的学校除了北京协和医学院、中国医科大学，还有中山、同济、华西等十几所著名医学院校，结果连续三届统考都是湖南医科大学拿到第一名，这引起了非常大的震憾。在之后的两次（1992年、1994年）全国临床技能操作统一考核中，湖南医科大学又取得了冠军，名气更大了。为了获得这些殊荣，湘雅二医院的师生们做出了尤为突出的贡献，当时参加统考辅导的老师们共同编写了一套《临床综合能力评价》教材，集中整合了包括内科、外科、传染科、儿科、妇产科等系统的考试命题，并重新优化分类，经湖南科技出版社出版发行以后，得到了全国各地医生尤其是刚毕业的青年医生的欢迎，现在这套书籍仍陈列在院史馆中。有幸经历三次统考培训的张其亮老师和他带领的教学团队付出的辛勤汗水，结出了丰硕果实，多少年后仍在激励着湘雅学子努力学习。1988年，张其亮老师获湖南省教委、科委等5个部门共同颁发的"湖南省大学生社会实践优秀指导者"称号，并于1989年荣获"湖南省优秀教学成果"二等奖。

谈及这一连串教学方面的成就，张其亮老师认为自己有幸参与了这一项工作，但这些成绩不是归功于哪一个人，而是湘雅附一、附二院，还有辅导老师共同努力和各个部门配合的成果。张其亮老师说，自己在刚刚接手陌生的行政工作时，也有过一些顾虑，但幸运的是当时的同事都十分得力。他深知教学管理工作担子重、责任大，仅靠个人努力是远远不够的，所以他充分信任并重视调动教学科研管理部门同事的积极性，组建了一个团结合作的班子，建立健全了相关的规章制度，严格管理，深入教学第一线，到教师和学生中去了解情况、听取意见。在将近十年的时间里,张其亮老师评价自己:"虽然我个人的能力不是很大,但是我善于团结大家。在这个集体里面工作,大家没有互相埋怨的情况。那时候除了我有50多岁,其他的人都很年轻,才30多岁,与他们一起合作非常愉快。"

在刚刚接手科研管理的工作时,张其亮老师面临着科研工作比较薄弱、杂乱,还没有固定的规章制度的局面。1985年,张其亮老师针对中青年教师,在校内几个附属医院中率先提出并制订"中青年科学研究启动基金"条例,让相当一部分中青年医师在尚未获得省级和国家级科研经费资助前,就能在医院内争取到数千元至几万元的起步经费,这可以让青年医师先做一些研究课题的准备工作,在积累初步经验后再行申报。这一条例公布实施后激发了广大中青年学者的科学研究热情,申请资助者十分踊跃。几年后,医院申报省级和国家级课题的项目数量明显上升,获得国家自然科学基金资助的课题也逐年增多,取得的研究成果十分喜人。1994年初,张其亮老师全面主持医院工作,在他的带领下,医院顺利通过卫生部组织的"全国医疗质量与医德医风建设"的严格考评,受到卫生部表彰,为医院创建和提升"三级甲等"医院建设水平奠定了重要基础。

在繁忙的管理工作中,张其亮老师十分注重研究生的培养,他的学生有的已成为国内乃至国际知名的皮肤病学专家或美容医学学术带头人。张老师在医院任职10余年,他带领的技术团队屡获国家级和省部级荣誉,为学校和医院做出诸多贡献,他严谨治学、默默耕耘的精神,廉洁和为人正派的品格,在他卸任医院领导职务近20年后,仍在医院职工中传颂。

"1959年我从湖南医学院毕业分配到湘雅二医院,直到现在我都没有离开过,可以说是一辈子都献身于湘雅二医院,也见证了湘雅医学院和附二院的发展历程。我们对母校、医院都怀有很深的感情。"谈到对附二院的感情,张其亮老师真挚地说到。"文化大革命"之后,张教授曾经有两次调回广东工作的机会,但张老师当时对湘雅二医院皮肤科有了很深的感情,所以不愿意离开,最终把自己的全部精力奉献给了附二院皮肤科。

作为一名临床医者,张其亮老师在与许多患者接触时发现,烧伤、外伤可能造成皮肤的缺失,尤其在涉及面部的时候,不仅应该只治愈疾病,还应该追求美感。此时欧美日韩等发达国家的美容事业正如火如荼,国内也已零星开展一些美容服务活动,他意识到医学美容事业必将有所成长。1986年7月,由郭定九、欧阳恒两位教授倡导,第一届全国皮肤美容学习研讨会在湖南衡阳召开。大会共有来自国内20个省市、自治区的250多名代表参加,张其亮老师参加并见证了这一届会议，并在大会上发表了讲话，表示祝贺。大会结束以后，与会者都意识到发展医学美容市场十分必要，这是国内最早的有关皮肤美容的会议。

1987—1988 年又分别在河北承德、广西桂林召开了两次大规模的学术交流会，其间有 10 多位学者共同倡议成立"中华皮肤美容学会筹委会"（后更名为"中华医学美容学会筹委会"），并于 1989 年 6 月正式向中华医学会申报。1988 年的会议中还曾发生过一个小插曲，当时会议由上海第二军医大学牵头，张其亮老师协助。广西负责组织会议的工作人员在大会前一个礼拜还在国外考察，大会的很多准备工作比如论文集、论文筛选、大会接待与安排等都没有完成，论文没人审核和修改，教授们都很着急。离大会召开只有 3 天了，张其亮老师与其他工作人员紧急组织了一些比较积极的成员，把论文摘要汇总出来，通过三天连夜的工作，终于把大会的准备工作全部完成。从那次会议之后，张其亮老师就开始着手组织中华医学会皮肤美容学会组委会。经中华医学会总会审查和协调，有数十位学者团队与张其亮老师团队相结合，学会成立大会暨第一届学术交流会于 1990 年 11 月在湖北武汉市隆重召开，大会盛况空前，并取得了圆满成功。中华医学会医学美学与美容学分会第一届委员会由 43 人组成，推选张其亮老师为主任委员。至此，全国美容医学界广大学者多年来梦寐以求的心愿终成现实。

中华医学会医学美学与美容学会是国内有关美容方面的成立最早的学术组织。学会的成立把各地的小团队凝结在了一起，对美容医学的促进作用很大。学会第一届的工作是最困难的，要消除大家的陌生感，把大家团结在一起，让大家志同道合、共同努力。通过慢慢磨合，学会成为了一个整体。以前皮肤科侧重于临床治疗，而现在皮肤美容不仅需要治疗，还涉及美的问题，所以学会不仅有皮肤科的成员，还有口腔科、耳鼻喉科，以及物理治疗等方面的人才。这一跨学科的团队团结在一起，形成一个很大的集体，学会是国际美容医学联盟的唯一中国成员，现在在相关领域的国内外交流等方面非常活跃。

张其亮老师在完成学科建设的工作之后，参与编辑了很多书籍。先后主编或合作主编《美容皮肤科学》《医学美容实用技术学》《实用美容技术学》等专著。值得一提的是 1996 年 11 月《医学美容学》出版发行，学会主任委员张其亮老师任主编，54 名专家教授参与撰写，历时 6 年。这本书是我国医学美容初期的经验总结，是祖国传统医学美容技术的继承和发扬，也是当时国际上第一部美容医学专著，它标志着当代中国一个新兴医学学科——美容医学的整体学科体系确立,是中国又一自主创新医学成果的范例。在学会的全力支持下,经过多年努力,由北京黄寺美容外科医院和湖南医科大学湘雅二医院共同承办的《中华医学美学美容杂志》于1995年进入中华医学系列杂志,为美容医学界广大学者提供了又一个新的学术交流平台,张其亮老师出任该杂志编委会第1~4届总编辑。在采访时,张老师向我们展示了他自己保存的这些教材与杂志,每一本都保存得十分完好,可见他对自己工作的珍视。

在采访过程中,张老师屡次提到:"我个人的能力是有限的,已有的一些成绩得益于集体的力量,是集体把我推出来的,并不代表我自己有很大的能耐。"张老师谦逊的态度让我们感到敬佩。几十年来,张老师身体力行地贯彻着"公勇勤慎,诚爱谦廉"的湘雅精神。最后,张其亮老师提出了对未来发展的期许:"我对未来医院的发展是很有展望的。我认为人才是第一位的,除了临床技术,思想品德、为人都应该符合我们国家的要求。如果本事很大,却不会团结人,对现实有诸多抱怨,这是很难成功的。现在附二院培养的研究生都在慢慢地崭露头角,可以说是后继有人,学科带头人也要能够团结大家,带领大家共同进步。对今后来讲,我对我们皮肤科事业和整个医院的事业期望很大,充满了信心。"

林秋华：
立足学科发展　培养优秀人才

"我获此殊荣，首先是对我多年来在自己热爱的岗位上为之奋斗的肯定，也是对我今后更好地发挥余热的激励。当然，我深知这份荣誉来自多年来湖南省医学会、医院各级领导对我的信任和支持，以及所在集体的积极配合，包括我的前辈、同事和我的学生们，这是大家齐心努力的结果。"这是在我们采访林秋华教授之前，她手捧无比珍爱的奖杯对我们说的一段语重心长的感言。这座奖杯就是2015年8月在"北国春城"长春召开的2015年中国医师协会妇产科年会上颁发的"妇产科好医生——林巧稚杯"。

记者：在您 50 多年的临床医疗、教学工作中，您认为什么是最重要的？

林老师：从 1961 年到现在，我在高等医学院校的附属医院妇产科教研室从事医教研工作 50 多年。在整个的医教研工作当中，我认为，作为一个医生，医术是很重要的，而我们作为医学院校，除了医术，教学也是很重要的一项工作。科研就更不用说了，科研是为前两项工作搭台阶并向前进的一个基础。作为一个妇产科医生，医教研应该全面发展。在这么多年的临床医疗、教学、科研工作当中，我深深地体会到医生最重要的首先应该是一个救死扶伤的白衣天使，这是我的天职。其次我也是人类灵魂的工程师，培养人才是当仁不让的职责，我不单单是医生，还是高等医学院校的教授，为此我感到无比的自豪和骄傲，所以我特别热爱自己所从事的工作。

在我读书的后半期，我知道我国有一位知名的大夫林巧稚，她是北京协和医院的妇产科医生，当时她放弃了在国外优越的待遇，毅然回国，创建了国内的妇产科事业。在她的带领下，我国的妇产科才有机会蓬勃发展，所以林巧稚大夫永远是我学习的榜样。她的很多事迹一直在鼓励着我，在我大学毕业分配的时候，我第一志愿就是做妇产科医生，心甘情愿为之奋斗，不怕苦、不怕累。有句俗话说"金眼科，银外科，累死累活妇产科"，我们确实是很辛苦，特别是值晚夜班时抢救病危患者。例如处理难产时，当时不像现在，有紧急情况就选择剖宫产，那时候有严格的界限和标准，多半要先守护、观察产妇很长时间。当太阳升起来的时候，被守候一宿的产妇终于顺利分娩了，婴儿诞生时那清脆的哭声是我们最大的欣慰，能使我们忘却一夜的辛苦。所以作为妇产科医生，辛苦和快乐是相伴的，那种幸福感和快乐感是其他人无法体会的。

记者：您认为如何把教学和临床工作很好地结合起来？

林老师：在教学方面，我曾带学生参加过医学院校本科生全国统考，其中 77、78、79 级是三连冠，所以我对教学工作特别感兴趣。我当妇产科主任以后，身体力行，非常重视教学，带头教改，多次获得全国的、省级的、校级的优秀教师称号，还获得了讲课比赛和带教评比优秀奖励，同时我们妇产科连续多年被学校评选为教学先进集体。我们的教学工作得到了院、校领导的重视，所以，我认为学校医院的科主任除了领导全科人员做好临床工作外，也必须做好教学工作。我所做的工作之所以能够取得一些成就，一方面是因为医院和科室领导的信任和重用，另一方面是因为我们科室是一个团结协作的集体，能够做出成绩是各级领导的支持和科室同事共同努力的结果。

记者：您在从医过程中有什么记忆犹新的事情吗？

林老师：以前湖南省妇产科没有博士点，而要想培养高级的医学人才，就必须要读博士。因为博士能得到全方位的训练，特别是科研能力和外语方面。有了高端人才，学科才能得到发展，所以我们一直努力争取获得学科博士点，这是我们几代人都十分渴望的事情。作为科主任，我责无旁贷，必须多方面下功夫，利用业余时间带领几个得力的助手一起努力。大概在两年的时间里，我们获得了三个国家自然基金的资助，再加上省里的和校里的一些科研基金，打下了很好的科研基础。我们集中力量，对妇科的"子宫内膜异位症发病机制"、产科的"妊高症的发病机制"以及"不孕症的相关基因"的研究做了大量扎实的工作，这在当时都是国内外科研的热点问题，所以我们立题是结合临床具有实用价值、发展前景好的。拿到研究课题后，我们寻找了很多可以合作的研究单位，大家共同尽心尽力，经过三四年的努力，全部课题都顺利结题，发表了很多相关的论文，得到了三个科研成果奖。在这个基础上，我们具备了竞争博士点的实力和底气，终于在1997年一举申报成功，获得国家学位评定委员会的批准，成为湖南省第一个妇产科博士点。从此以后，我们培养人才可以不用借助别人的力量了，也算不负老一辈对我们的寄托和年轻一代对我们的期望。

另外一件重要的事情是筹备和建立我院的生殖中心。众所周知，我院生殖中心的工作有一段空白期，在我担任科主任以后，积极争取了院领导的大力支持，进行了实验室的建设，亲自完成了联系和选送医生去南方医院生殖中心培训等一系列艰苦的工作，终于在2008年以后的几年内通过了几次国家级评审和验收。如今，我院生殖中心开展的工作已经达到国内先进水平。作为一个国家级三级甲等医院，我们医院具有这样一个生殖中心是何等的重要啊！

记者：您培养人才的经验是什么呢？

林老师：我对培养博士生的要求是科研严谨、做事认真、合作亲和、与人团结。我在给学生确定研究方向的时候，一定要寻找本学科发展中前沿的问题，这是作为导师必须做到的。因为做科研工作，老师一定要自己学在前面、走在前面，不断学习新的知识和技术，这样才能带领学生前进。在科研课题确定以后，导师必须和学生一起研究怎样做才能更顺利地进行和完善课题，也应充分挖掘学生的潜力。我在申报博士点时，结合临床进行科研，得到了肯定，这种方法也一直延续到我培养博士生的工作中。

我培养的学生都一定要成为学科发展实用型的、德才兼备的高级人才，这样的学生对学科的发展能做出实实在在的贡献。例如，20世纪80年代，我国显微外科技术在外科领域已经发展得很好了,但妇产科还没有介入技术,当时计划生育工作遇到了一个瓶颈,需要提高绝育术后子女夭折的女性的输卵管复通手术的成功率,这时出现一个很好的契机,让妇产科连同显微外科技术发展起来。为此,我带领学生利用一个月的业余时间,努力攻克了显微外科技术的难关,成功利用显微外科技术将输卵管复通手术的成功率提高到85%以上,与此同时我还举办了全国学习班,将此技术推广到全国各地。这项技术给绝育术后的妇女解除了后顾之忧,极好地推动了计划生育工作的开展,为此,我院得到了国家计生委的奖励。

另外一个事例就是带领学生积极开展腔镜技术。我从国外学习回来,意识到腔镜在学科发展中的重要性,它会在很多临床工作中具有实用价值,所以积极培养专业人才,申请购买设备,抓紧开展腔镜的临床应用。至今,科里已经基本普及了腔镜技术,妇产科成为湖南省妇产科腔镜培训中心和质量控制中心,当时培养的博士研究生做的就是贴合腔镜临床实际需要的课题。随着腔镜技术的大力开展,人们对于腔镜手术的安全仍持有怀疑态度,认为腔镜的相关操作可能对癌细胞的扩散有不好的影响。为此,我们选择了这个方面的课题,验证了腔镜手术不会造成肿瘤转移,课题最终确定为"腹腔镜气腹对子宫恶性肿瘤细胞转移的影响"。我们用了三年的时间,把这个课题从动物实验到分子生物学,最后到临床,结果顺利结题,相关论文发表在国内外重要刊物上。所以,我认为科研课题应该有实用价值,这样,培养的人才不仅是在科研上拔尖,在临床上也是拔尖的。

记者: 作为博士生导师,您桃李满天下,以您的经验,对其他导师今后培育人才有哪些建议?

林老师: 我培养的博士生在国内外都是非常优秀的临床和科研工作者,而且他们都德才兼备,为此,我很骄傲。我的学生有的成为科室领导者或骨干,有的则是后起之秀,他们是最具发展潜力的年轻骨干力量。我非常愿意把他们推向全国的相关学术单位,让他们去交流,带回来先进的技术和比较新的前沿方向的信息,这一点很重要,如果总是闭门造车,自以为是,终会落伍。我还喜欢特别较劲的、认真的、喜欢提问的学生,这样的学生是爱思考的、有创新精神的,他们做事特别让我放心。有临床型的学生,他们心灵手巧,细心认真;还有一些科研型的学生,科研思维特别强,善于思考和创新,适合做实验室工作。所以导师需要根据每个学生的特点培养人才,现在的年轻人思想非常活跃,有独立思考的能力。对于年轻导师,我认为应该为人师表,自己先做好人、做好事,这样才有资格和条件去培养更好的人才。

"为人师表"虽只是简短的四个字，但做起来却不那么容易。除此之外，我认为培养人才还一定要实用，不要为科研而科研，不要浪费人力和财力。我们应该充分发挥现有的资源培养好人才，在培养人才的过程中不断提高自己。我们也应该给年轻人充分的空间，让他们自由发展，使他们跟上时代的步伐，与社会一起前进。他们有很多施展自己才华的平台和机会，应该鼓励他们不仅要继承前一代人的优点，也要按照新时代的要求成长，相信他们会比我们做得更好、更强。

林老师选择从事医生的职业与自己的童年经历有关，读书时又因榜样的力量更加坚定了信心，一直走到今天还在继续发挥余热，坚守在自己的工作岗位上，因为这是她一生所热爱的事业。在工作之余，生活中的林老师喜爱文体活动，有一颗热爱生活的心。林老师是妇产科救死扶伤、乐于奉献、文明行医的榜样，也是具有人文情操和爱岗敬业的典范。

易著文：
行医终成济世仁医，教书但求无怨无悔

易著文教授，1946年出生，博士生导师，主任医师，享受政府特殊津贴，中华医学会儿科学分会常委，中华医学会儿科分会肾脏病学组副组长，中国医师协会儿科医师分会副会长，中国医学教育学会儿科医学教育分会执行委员，中南六省儿科学术协作会会长，湖南省医学会儿科专业委员会名誉主委，湖南省防痨协会理事会顾问。易老师获卫生部和中华医学会视听教材二等奖两项，是我国儿科学界成果多产的专家之一，在国内儿科学界享有较高的学术影响和学术地位。近日，记者有幸采访了易著文教授。

记者：易教授，请问您为什么选择从医？您的人生追求是什么？

易老师：我一生追求的职业就是医生，并且希望做一位好医生，这是我

坚定的信念。选择学医，是因为我的经历特殊。我舅舅曾是一名军医，战争结束后回到家乡，给老百姓治病。舅舅从部队回来后是住在我们家的，每天我都看到他背着诊包出去给别人看病，回来时总是带回病人馈赠的一些鸡蛋、米等食品，当时我觉得当医生不错，能够改善自己的生活，所以我就跟着他学习看病，就这样踏上了从医的道路。但是我从医的道路是曲折的，1964年参加高考，顺利考上了以后，本来是9月1日开学，但因为弟弟生病，我9月3日才去学校报到，在报到的路上弟弟去世了。上学之后，因为没有路费我一直没能回家，到大学二年级时，我收到家里来信说母亲去世了。两位亲人的去世使我更加坚定了信念，一定要刻苦学习，将来做一名救死扶伤的好医生。

我曾经在湘西工作过8年，住院医师、全科医师都做过。1978年恢复研究生招考后我考取了研究生并留校工作，到现在已经40年了。工作后，本来我是做行政工作的，但是干了一年半，还是觉得临床工作好，工作期间我做了6年副主任和10年主任的行政工作。近几年我的工作获得了从第一批湘雅名医到2012年和2013年被评为中国儿科医师奖(全国共7位)，再到2014年获得中国医师奖(儿科专业共5位)的成果。总结我的这些经历，我想说我从未后悔过，所以我在接受中国医师奖颁奖时说的获奖感言就是"当医生不悔！"

记者： 您曾经带过多少研究生？最欣赏的学生类型是哪一类呢？

易老师： 我一共带过24位硕士生，35位博士生，1名博士后，其中有很多都成了医院科室的骨干，每一个我都记得很清楚。我最欣赏能够在学术上有所创新的学生，这些学生都是在学术上有独立思想的，为求真理，他们敢于从凳子上坐到桌子上争论问题和甩电话机，往往这类型的人都是有出息的，因为他们敢于在专业上去钻研知识，据理力争。

记者： 您觉得导师培养学生要特别注重哪些方面？

易老师： 作为导师要以身作则，榜样的作用是无穷的，也是最有力的。我总结我的这些成绩，除了自身努力，老师的指导是第一位的，"师傅领进门，修行靠个人"，第一是要碰到好的"师傅"；第二是碰到好的领导(和领导相处不是要去溜须拍马，而是要善于把自己的梦想变成领导的决策)；第三是要有一个好的团队；第四是有一个很好的家庭。

除此之外，我认为，导师一定要履行自己的职责，传道、授业、解惑，这是做教师的本职。不能传道，不能授给学生知识，不能解答学生对知识追求的困惑，就不是一个好的老师。这就是说，导师和学生一起学习，所以我们要有"兄弟文化"。所谓"兄弟文化"，就是譬如做一个课题，老师和学生同甘共苦，一起讨论、一起完成这个目标，这也是为什么我喜欢和我争论问题、拍桌子的学生的原因。我经常会去实验室看看学生的学习、工作和生活情况，如果有谁生病发烧，我会给他们送点药或者吃的，学生们都会很感动。早上我会到实验室把垃圾收掉，学生们很辛苦，我也能体会他们的不易。那几年我的成果出得很多，当时培养的那一批学生，现在都能独当一面了，这是刻苦努力的结果。所以我主张"兄弟文化"，不主张"父子文化"，我和学生同甘共苦，一起去做。

还有重要的一点，带学生一定要学术正派，要有尊重科学的态度，不能造假。曾经有一个学生，实验还没完成，他文章的结果都有了，居然空着中间的数据，等着以后填进去。知道这个事情之后我发了一顿脾气，教育他不管实验结果怎样，必须尊重其真实性。

记者：您能分享一下您以前做研究生的经历吗？

易老师：我以前学习的外语本来是俄语，但经过自学英语考上了研究生。复试的时候导师要考我的口语，我问可不可以不考，我没学过，也不知道怎么读。她问我是怎么学的英语，我说就是按照汉语音调死记硬背的。然后导师推荐了一本书给我，当时是38元一本，我花了差不多一个月工资买下来。每个星期五导师都会给我补习英语，一个词一个词地教我发音，教我翻译。后来我去日本参加一个国际学术会议并发言，回来之后导师问我发言时是讲英文还是中文，我说国际会议肯定只能讲英文，她高兴得马上给我倒杯咖啡说终于看到你的英文进步了，能够出去说话了。现在我觉得，我对学生的好还远远不及我的老师对我们那么好。

记者：您觉得年轻的导师应该往哪些方向努力？

易老师：记得今年阅兵期间，我正在比利时开会，当时我的孙子打电话问我："老师让我们补课，但我又很想看阅兵，到底怎么选？"我回答说："我在这里凌晨两点多都起来看阅兵，你那么好的机会怎么不看呢？你去看阅兵，如果老师阻止你，我就投诉他。"通过这件小事我在思考，现在的年轻导师除了要教会学生基本的知识外，还要教育他们爱生命、爱祖国、爱事业、爱人民、爱家乡。我们要加强这方面的教育，我们的学生不仅要有知识，更要有高的素质。

记者：现在研究生培养都是要经过33个月的临床各个科室的轮训，不知道您对这个规定怎样看待？

易老师：我清楚这一点，但我不赞同这样的做法。我觉得规培生就是规培生，硕士生就是硕士生，博士生就是博士生，怎么能混而谈之，一锅粥里煮呢？我可以讲，现在培养的学生，学术水平还有很大的进步空间。我参加北京、上海的某些医院和湖南省儿童医院的一些答辩后，觉得他们培养的硕士生水平很高，原因是他们抵制了硕士强制规培的政策。研究生就要有研究生的水平，所以我也和领导谈过这方面的问题。我读研究生的时候没有规培，正因为三年的研究生生活才使我从一个郎中转变为一个医学科学家，才使我从新手向教师跨步，否则我们研究生的培养与过去的郎中、教书先生没有区别。我了解过北京和上海的院校，他们的研究生就是研究生，掌握科研方法，受用一辈子，临床能力提升速度是很快的，可以在三年研究生毕业之后再来培训他们的临床能力。譬如去年才入学的硕士生，到学校上了一个月的课就下临床，让他检索文献，不会；让他设计一个动物实验，不会；让他设计一个狼疮的临床方案，还是不会。这样培养，他可能会治疗几个患狼疮的病人，知道怎么用激素，可是这与科学研究是两回事。所以我不赞同这样的培养方案，认为需要调整和转变。

谈起易著文教授，国内儿科界同仁都认为他是湘雅儿科一位具有战略眼光的人，他总是有远见卓识，敢为人先，为儿科各个亚专业的发展奠定了坚实的基础。"敢为、创新"是易老师教书育人的宗旨，一路风雨兼程地走过40余载，他还将继续走下去。

廖二元：
临床教学管见

改革开放40年以来，我国经济建设和社会发展取得了伟大成就，经济总量和整体实力稳居全球第二，但我们的医疗综合服务水平仍不尽如人意，与其他各行各业的发展很不协调。医护人员的社会地位持续下滑，这可能与教育体制陈旧、医改反复受挫、法规制度空置、百姓知识贫乏、医护培训不力、市场操作失当等均有关联。

今天的科技发展和学术竞争是一个多极格局，"学"如逆水行舟，不进则退。我们必须担负起振兴湘雅临床专业的历史责任，落实十九大精神，我们需要做的事情很多，面对种种弊端，我们应该有所作为。

一、医学教育宗旨

医学教学要有"建议和批评教学"的精神。

一是教导"走什么路"。"走什么路"的问题本质是"做什么人",这个问题对于老师而言尤其重要,因为学问好不好固然重要,医德好不好却更重要。教师是真、善、美的传播者,是人类灵魂的塑造者,是莘莘学子人生的导师和引路人。一身正气,是一名教师的首要素质,面对各种利益的诱惑、多元思想的碰撞,教师尤其要具有浩然之气。只有这样,教师才能在知行统一中,让学生"亲其师,信其道"。

二是教导"怎样走路"。走路的方法是"老湘雅人"传给我们的,现在,我们要把湘雅人所独有的这个方法传给下一代。学习的首要原则是抓紧时间并利用好时间,时间是一块含水的海绵,要养成从海绵中挤水的时间观念,争取更多的时间去完成一堆又一堆需要处理的事。阿尔伯特·爱因斯坦曾经用 $X+Y+Z=A$ 这个加法公式总结了成功的秘诀。在这个公式中,X 等于艰苦劳动,Y 等于正确方法,Z 等于少说空话。当一个人有了 X、Y、Z 三样东西后,实现自己的目标就会水到渠成。所以 A 就是成功,A 就是 No.1,A 就是第一。

三是提高自身素质。学生可以原谅老师的严厉、刻板,甚至吹毛求疵,但是不能原谅老师的不学无术,要给学生一杯水,自己就要有一桶水。一个良师,足以让学生回味一生;一个庸师,足以让学生评判一生。每一个学生都希望结交德才兼备的老师,老师的才气将直接决定其在学生心中的信任度、影响力以及信仰度。老师需要做到老、学到老、更新知识、创新理念、超越自我、厚实底气,只有这样,讲起课来才能才气横溢、充满魅力,才能激发学生的学习兴趣,使他们自觉自愿地接受你的教导。一个理想的教师应该多些书卷气、文气,少些酒气、油气、老气、俗气,这正是教师这一特殊职业的需要。教师必须是博家、杂家,没有上通天文、下晓地理之才,没得博古通今之智,没有丰厚的文化底蕴和浓郁的书卷气息,又怎能成为文化与文明的传播者、心灵的塑造者呢?勤奋学习是教师专业成长的必由之路,慵懒、涣散、萎靡、自卑,都有损于教师的形象,教师要以饱满的热情和积极的精神面貌投入教学工作,促使学生形成健康的、积极向上的学习心理,师生共同进步,校园面貌必将焕然一新。

二、革新教学方式

无论在小学、中学还是大学，学生的学习成绩呈现的基本是一个两头小中间大的正态分布图。虽然学生的考试成绩有高有低，看起来差异很大，但实际上极端高分和极端低分都只占少数，大部分学生的成绩都集中在中间段，并且高于平均分和低于平均分的分布基本相同。

大部分从应试教育出来的医学生主要目的是考上研究生，然后通过自己的不懈努力找到理想的工作单位，而应试成绩单就是重要的通行证。在应试教育的背景下，读死书的医学生较多，学生的原始创新精神被磨灭，缺少独立思考能力和自主探索精神。

研究生的专业教育可以使学生成为功能强大的"机器"或技能高超的"动物"，但不能成为一个和谐发展的、有独立思想的"人"。成"小器"靠知识，成"中器"靠能力，成"大器"靠品德。人的真正智育不是传授知识，而是点燃智慧，启发思维。用统一的标准在生产线上做出来的是好器件，用统一的标准去塑造人才绝不是好办法，那只是对人性的扼杀，绝非好的教育。锐气是一种胆量，一种魄力，一种攻坚克难的精神境界，在教育改革向纵深发展的今天，我们必须有一股敢于争先、锐意进取的锐气，消除浮躁心理，深刻反思，研究探索，将教育改革进行到底，开辟出中国教育的新天地。

三、临床病案技艺

病史对诊断的价值，无论怎么强调都不为过，当下更有大声疾呼的必要。病案是病人接受检查、诊断、治疗、护理及疾病发生发展和转诊等过程的原始记录及法律依据，它能证实医务人员或医院有无失误、疏忽或其他不当行为，在诉讼活动中处于中心地位。

入院记录犹如披露一个事件，或讲解一个故事，内容必须真实可靠。入院记录不能像放录音那样，只是"播放"患者所述，也不能像写作文那样"雕琢"而成，更不能像小说那样"编造"出来，而应该是根据患者所述和医师的询问、调查与思索后，"整理"产生的。在文体上，要求结构紧凑、逻辑严密、内容充实、语言通顺、文字简练。要切实按"起病特点、主诉描述、诊疗经过、全身情况"的16字要求，把现病史写实、写透，病情必须据实、全面、客观、及时，让它成为支持入院的诊断依据和佐证。虽然入院记录的主诉放在最前，但它是现病史的总结性语言，因此应生成于现病史之后。

全面查体是对医师的起码要求，没有人可以置之度外，否则就会留下失职的实证。长年坚持全面查体是一种值得提倡和鼓励的良好习惯，尤其对住院的患者更应该如此，至少避免了最坏的事件发生。每位医师应按规定完成必须的体格检查，依顺序记录在案，重点记载与诊断相关的体征，阳性的或阴性的，支持的或不支持的，都要列出，并将专科查体的结果列于其后。

医师一般先询问病史，后做查体。但在实际工作中，两者不可能也不应该绝对分开，如何有机地配合进行，那是一种高超的技术，更是一种无法用语言表达的艺术。

四、辅助检查技艺

医师面对化验单时，应该时刻想到种种因素影响测定结果的可能，避免陷入矛盾现象所设下的圈套。谨防陷阱的法子很简单，首先用 CV 和最小有意义变化（least significant change，LSC）评价其意义，如果仍有质疑，可用动态试验或动态观察来判断其临床意义。临床的一切数据都存在测量误差，仪器测量数据的误差不同，误差率低的在 5% 以内，多数在 10% 左右，高的可超过 1 倍以上。LSC 适用于所有计量数据的评价，至少可用于实验室临检指标的判断，其简化计算公式是：$2.77 \times CV\%$。

报告单是为临床决策服务的，医师是报告单的主人。阅读报告单要"活"，"活"出眼观六路、化腐朽为神奇的效果来。医师不能变成被报告单左右的"仆人"，阅读报告单时更不能"呆"，"呆"出僵硬固执、刻舟求剑的烦恼来。医师分析化验单，不能只看后面的箭头，也不能只看绝对数字，更不能仅根据数值妄下结论。

特殊辅助检查是医学进步的重要标志，它为疾病的诊疗带来了革命性变化，其临床意义显而易见。目前的普遍现象是，在忽视基础信息收集和基本检查的同时，过于重视和偏向特殊检查，尤其是倚重贵重仪器设备检查。合理选择特殊检查项目，用得恰到好处，发挥最大效力，既是个技术问题，也是个艺术问题，有时还与医德医风和职业道德关联。

五、临床决策技艺

现代医学的临床学科越分越细，这既是现代医学的优点，也是临床医师很难当的根源之一。专业化把临床医学切割得七零八落，人们困在琐碎的迷阵中，陷在功利的小圈里，久而久之，丢失了整体观念，目光变得短浅，知识日益偏颇。如果再加上医学科学与医学人文失衡，那医疗质量下滑、忽视人性关怀与病痛怜悯的后果是必然会发生的。

一方面，绝大多数病人很难找准自己该去的科室，只能在病人自己认为合适的医师面前诉说痛苦，所以某一学科的医师可能遇上患有任何疾病的病人，医师是何等难当，由此可见一斑。另一方面，医师是人，人的精力和能力总是有限的，如何长期应付这种就诊局面，让"首诊负责制"落到实处，工作遂心满意、有口皆碑，则是一个痛苦不堪且长期无解的难题。临床专科的前进趋势是不断向纵深发展，而我们所能做的，只有进行主动而积极的多学科协作，你帮助我，我辅佐你，共同解决跨学科难题。有时，还需要管理者出面，指挥协调，打破专科壁垒，建立以疾病群为导向的团队合作体系。这种做法好处多多，既提高了医师的工作能力，拓展了知识广度，又减少了误诊漏诊的机率。要成为"有经验"的高明医师，漫漫路上艰苦无限，必须励志前行，努力，再努力。

医师没有不辛苦的。苦是应该的，必然的，谁叫你选择这个职业呢？欲精通专业技术，必先苦其心志，劳其筋骨，因为不努力肯定不会成功，即使拼命了，也不一定成功。是否有苦尽甘来之时，那还得看机遇。

如何理解"三基"（"三基"指基本理论、基本知识、基本技能）？意见并不一致，本人认为可以从三个层面来理解它：一是所有住院医师的"三基"，他们必须尽早掌握和熟练运用《诊断学》的全部知识，在熬足饥不择食的微小医师时期强化过关；二是不同专业医师的"三基"，每个专业都有不同的三基要求，要在《诊断学》的知识基础上升华、实施。三是不同职称的"三基"，各级医师应有不同的"三基"要求，要在各自的专业基础上，根据自己的职称去不断升华，高级职称的医师不能放低要求。上级医师，尤其是学科带头人，总不能拿着本科医学生就要掌握的那些小把戏，天天炫耀着过日子吧。

"三基"是关乎医疗质量的永恒话题，全面而过硬的"三基"是医师一生追求的目标，不论医学科技如何发展，"三基"永远是最重要、最值钱的本事。"三基"不过硬，会导致工作越到后来越难做好，最终可能因为拉不下面子或别的什么原因，成为永远还不清的"阎王债"，让你在日常工作中，经常被"三基"弄得洋相百出。

医师总喜欢自责，自责是难能可贵的优点，自责使人做得越来越好，好上加好，医师也应该学会自责。一方面，医师工作一辈子，救治了成千上万的患者，但也不可辟免地出现过许多缺失。在每位医师的背后，既有很多欢呼声，也有一些悲痛的声音，虽然大部分并非医师的责任，但在诊治中难免有欠缺之处，如果不自我追讨欠缺，也就没有了进步。另一方面，医师的本事都是以患者作为训练对象得来的，因此总是念念不忘以前那些不尽完美的行为。人性的弱点在于，理解不等于接受，内心空虚而嘴巴强硬，在差错或事故面前，谁都会本能地做出拒绝反应，而规矩又迫使你非接受不可，矛盾由此而生。如果你出了大错，又不愿自责，不能自我批评，那就需要别人和制度的帮助，本着惩前毖后、治病救人的原则展开批评，因为对过错的仁慈，就是对规矩的亵渎，破了规矩，永无休止。

临床医师的行医之路有三种走向。第一种是有了足够临床经验后，几十年一贯制，根据书本上学来的东西行事，倚老卖老，这必然导致知识老化，久而久之，就会明显落后于时代。第二种是努力学习，刻苦钻研，更新知识，不断进取，而要做到这样，必须天天学习，总结经验。但是，医师单靠临床经验过日子，那是远远不够的，也是相当憋屈而痛苦的。第三种是开展临床研究，发表论文，出版著作，做到既看别人的东西，也让别人看自己的东西。医师成天只看别人写的文章和"本本"，是对自己的一种讽刺。医师必须在专业的某个方面取得发言权，推动学术进步，这是一种职业责任和义务。

临床逻辑思维的方式很多，目前，公认的诊断逻辑思维大致分为模式识别法、排除鉴别法、分析推理法和二分逻辑法四种，而二分逻辑法则是分析推理的一种具体操作方法。其中运用最多的是二分逻辑思维法，因为没有二分法就没有逻辑思维，它是逻辑分析最简单而普遍的原则，一切的逻辑推演和分析均来自于它。人们每天都在自发而朴素地实践这些思维模式，但因为没有认知到理论高度，所以常有偏激，难得提高，不易突破。

模式识别法主要靠临床经验进行诊断，经济而高效，但经验在很多时候是不完善的，靠不住的，故出错在所难免，而且，经验不足的医师用某种模式来鉴别疾病，很容易误诊或漏诊那些不典型的病例。鉴别排除法传统而经典，熟知而常用，但诊断效率较低，因准确性差且需要密切观察病情变化，所以仅在不得已的情况下才使用。分析推理法的特点是逐级分析递进，一般在问诊与查体后，根据收集的信息找出主要矛盾，形成诊断假设，再通过进一步检查验证或修改诊断假设，最终确诊疾病。在分析推理过程中，由于二分逻辑法的思路清晰，诊断高效，故得到人们的特别推崇，应用广泛，目前大多制成了诊断线图或鉴别诊断树供临床医师使用，但在面对无路径可言的病例时，该法可能会失效。

虽然上述的诊断思维各有用途，但分析推理法和二分逻辑法应该是年轻医师需要掌握的重点。事实证明，当医师的技术娴熟到相当程度时，进步仍有很大的空间。即使熟练掌握了二分逻辑法，还仍然存在逻辑思维的第二次飞跃问题，这就是二分逻辑法的升级版——技艺综合法。完成这一飞跃后，必能交错而综合地运用这些逻辑思维，从必然王国进入自由王国，衍生出独到的专业艺术来。

六、学科查房技艺

全科大查房是医疗、教学、探究和解决问题的最好形式。全科大查房对高年资医师来说，诊治水平如何，一目了然。全科大查房是医师的责任，他们查房时要对患者的诊疗高度负责，并解决存在的实际问题；全科大查房是医师的既定工作，因为他们要通过大查房，考察全科人员的技术能力和知识水平，找到不足，及时弥补。全科大查房是医生相互学习的重要机会，既有经典的东西，又有最新的玩意，既有已经知道的，又有尚不明白的，大查房启迪了医生的思维，使医生获得真知。

全科大查房对低年资医师来说，是他们的一种考试，懂与不懂都逃不脱听众的检验，这种考试是全面的、现场的、开卷的，答对答错了多少，自己最清楚，差距如何，一览无余。有能力者可以借此机会展示一番，尽显雄厚实力，现场展示各自的理解能力、分析能力、反应能力和综合能力，同时在医生中形成一种无形的压力，营造一种学习向上的气氛，优者想通过努力，维持荣誉，锦上添花；差者会感受到压力，奋起直追，通过奋斗迎头赶上。

全科大查房对所有医师来说，是一次学术大餐。主人是学科的"大佬"，他们有提供美味佳肴的实力，来者是吃客和看客，席间时有艺术观摩衬托，尽赏技术、艺术和人格魅力。这样的大餐应该在餐前就已经争相告白，来者爆棚，趋之若鹜，僧多粥少，争抢位置；餐后依依不舍，余兴未尽，怀念良久，大有一次参与，胜读十年书之感。

大查房对病例精髓程度的要求是：下不沾底线，上不封顶尖。也就是说，最起码的水平是正确诊断，治疗方法无可挑剔，如果达不到这个要求，那就可以认为沾到了底线。较高的要求是诊断和治疗都有进步，因为只有这样，坚持水平次次有提高，那么几年后就必然有质的飞跃。上不封顶尖的意思是，工作态度越精越好、要求越高越好、内容越全越好、程度越深越好。做到了这样，再难的病例，也就不难了，再怪的病例，也就不怪了。怪哉？

不怪也！

欧美国家的大查房很值得我们学习，在严肃的学术面前，看不到唯唯诺诺、死气沉沉，也看不到俯首帖耳、唯命是从，更看不到主观武断和霸道专横，而是医学科学面前，人人平等。

通过大查房，体现了诊疗技术、学到了新知识与新进展、欣赏了众家所长，这是必然的。但是，大查房更重要的意义不是传授知识，而是通过具体病例，举一反三，点燃智慧，启发思维，欣赏高明的决策技巧，培养逻辑思维方式。遗憾的是，不知自何时开始，人们普遍淡忘了全科大查房，有的甚至把它当成形式主义，走过场，这真的让人难过与不安。

张亚林：
张亚林教授讲给他的研究生们的一席话

引子

说实话，我通常记不准我的博士们究竟在哪里工作，天南海北，好像到处都有，比如新疆有、内蒙古有、中原也有；云贵有、江浙有、京津也有。但他们具体在什么地方、什么单位我基本上是没弄清楚过的，他们在我身边攻读学位时我就是如此糊涂，毕业后更是海阔天空。我素来浑浑噩噩、糊里糊

涂，还美其名曰"无为而治"。

其实也未必全然是我不关心，而是因为我完全放心。我知道，别看他们在我面前都是"言听计从，唯唯诺诺"，其实只要离我十步开外就会"原形毕露"，个个都有本事，个个都是角色，一个比一个聪明，一个比一个能干。他们的社会适应能力和驾驭能力通通在我之上，用不着我挂念，用不着我操心。

当每位研究生入门的第一天，我就会与他们约法三章：

第一，"你不找我的麻烦，我绝不找你的麻烦。"意思是说，我不会主动找你做这事、做那事，特别是做攻读学位以外的事。当然，你有事找我，一定是有求必应。

第二，"跟我三年，我的责任是要发掘你的一个优点，缺点我不管，责任自负。"我认为，成才要扬长而不是补短。若是哪壶不开提哪壶，美丽的月亮也会是一脸的雀斑。只有发现优点、培育优点，让优点发挥到极致，才能脱颖而出，一俊压百丑啊。

第三，"从严要求，从宽发落。"做人、做事、做学问，我会吹毛求疵，近乎严苛。而毕业之际，我只栽花不栽刺，绝不杀生。成人之美，慈航普度。

年满花甲那天，天南海北的研究生们齐刷刷地赶回长沙，为我举办了一场温馨的生日聚会。欢乐之余，大家热烈鼓掌，让我讲几句话。场面感人，盛情难却呀，我一激动，就打开了话匣子。把多年藏在内心的话，和盘托出，一口气讲个没完没了，讲得全场一片宁静、鸦雀无声。灯光下，有人脸上闪烁着泪花。

有心的门生录了音并整理成文字，说是讲话反映了老师的真情实意、高风亮节、道德学问、家国情怀。我知道学生们的这番评价，一半是溢美之词，一半真还道出了我的育人思想和治学理念，是我在20多年研究生教育中的摸索、践行、心得和领悟。恰逢研究生部约稿，原文照录如下，以飨读者。

（在热烈掌声中张亚林老师拿起话筒，娓娓道来）

非常高兴，收到大家送给我的这份礼物。大家知道我唱歌荒腔走板、五音不全，所以送我一套音响，让我练练听力；大家知道我只会唱三首歌，所以送我这么多唱片，让我学学新歌。我准备今后努力，争取不辜负大家。

非常高兴，在这样一个特别的日子，与特别的你们汇聚一堂。说日子特别，是因为昨天有人给我发短信，说90年前的今天中国诞生了一个党，60年前的今天中国出生了某个人，还真是巧合。说你们特别，是因为你们原本素不相识，东西南北中、生旦净末丑，何缘来相会呢？唯一的缘分是在我生命中的某一阶段身边曾经有你、有你、有你！你们曾经与我或你们相互共度过几载春花秋月，从相遇、相识，到相知、相思。所以我们可以就着这个由头，打着祝寿的旗号，名正言顺、堂而皇之地欢聚一堂。

子曰："吾十有五而志于学，三十而立，四十而不惑，五十而知天命，六十而耳顺，七十而从心所欲，不逾矩。"意思是说，孔子十五岁立志于学；其实在座的各位可能更早。三十而立，是说三十岁要学有所成了；四十而不惑，是说四十岁要心无旁骛、锲而不舍了；五十而知天命，是说五十岁要得道，要洞悉这个世界，要懂得天地万物的变化规律了；六十而耳顺，这是说我的，是说六十岁要不纠结、不忐忑，能静下心来，要融会贯通了。

孔夫子是一代宗师，可以先知先觉。而我呢，却是后知后觉，甚至是不知不觉。记得前不久，我还在公共汽车上给人让座，看到别人一脸的错愕，我还百思不得其解。好久我才陡然发觉我没有自知力啊，浑然不知自己已经超过了给别人让座的年纪，早该"被"让座了。上苍把幼年的我交给了父母，把少年的我交给了学校，把青年的我交给了社会，把中年的我交给了你们。光阴蹉跎，日月如梭，一不小心，就到了60岁。感谢你们的提醒，感谢你们的庆贺。是啊，确实60岁了。

六十，是一个令人感慨的数字。我命苦呵，该上学时不能上，该下岗时又不能下。60岁本该是法定退休的年龄，我却还要继续工作至少10年！而16岁本该是背着书包上学堂的年纪，我却被迫辍学，下乡务农，担负起全家生活的重担。我常说自己先天不足，可不是谦和之词，是实话实说。我没上过高中，也没上过大学，读硕士、博士也是一步到位。所以，遇上那些想报考到我名下而又觉得自己母校无名、学历羞涩的学生，我总是鼓励他们，说是英雄不问来路，恐怕这就是我自己潜意识里的某种投射？

六十，也是个吉祥的数字。人生六十一个花甲，表示圆满；天干地支一个轮回，意味着再生。有了六十，就有了别人生气我不气的雅量；有了六十，就有了大人不计小人过的胸怀；有了六十，就有了让他三尺又何妨的气度；有了六十，就有了宰相肚里能行船的海量。六十岁已进入了虚怀若谷、海纳百川的耳顺之年。海纳百川啊，讲起来好听，做起来却又好难！要像海洋那样博大，还得像海洋那样接纳泥沙俱下，包容鱼龙混杂。看来，我还得努力呀。

六十，还是考试及格的分数。但人生六十，未必个个都能及格。扪心自问：如果人生可以重来，我最后悔的是什么呢？我想啊想，后悔好像很少，感触倒是良多。

假如我还像你们一样年轻，第一件事就是要学会做学问。你我都是硕士、博士，自然都有点学问，也要做点学问。那什么是学问呢？在我看来，真正的学问其实就是一种思维方式。做学问就是透过现象发现本质，做学问就是把复杂的事情弄得简单明白。世上最复杂的事是把复杂的事情弄简单，世上最简单的事是把简单的事情弄复杂，因为简单的才是最好的。动辄摆弄几句专业术语或突然冒出几个英文单词，故弄玄虚、装腔作势，显得高深莫测，其实这是不自信的表现。

为什么要做学问呢？不是为了名，不是为了利。做学问不能太物化、太功利。当然名利都是好东西，只要取之有道，多多益善。但这些都是结果，不是目标。前不久有条新闻，说是万科的董事长王石去哈佛留学了，王石是个奇人，与我同年。我欣赏他的不是他的身家亿万，不是他的老有所学，甚至也不是他曾登上过若干海拔6000米以上的雪山，而是他曾说过的一句话："不把结果当目标。"在我看来，金钱、住房、职称、荣誉都是结果，而做好学问才是目标。水到渠成、瓜熟蒂落，学问做好了一切都会有的。怎样才能做好学问呢？有人说："三个苹果影响了世界，夏娃偷吃的苹果，牛顿脑袋被砸的苹果，还有乔布斯咬了一口的苹果。"夏娃的欲望创造了人类，牛顿的探究发现了万有引力，乔布斯的创造影响了人们的生活方式。而欲望、探究、创造都是人的本能啊，正是这些本能的驱使，既成就了他们，也改变了世界。所以做学问一定要尊重自己的欲望和兴趣，人生苦短呵，如果做了一辈子的学问，却做得愁眉苦脸，从中感觉不到乐趣，为什么要去做它呢？

假如我还像你们一样年轻，第二件要紧的事就是修身养性。读书人应该知书达礼，读书人应该有读书人的秉性和气节。不仅要有高学位、高职称、高收入，还要有高雅的气质、高尚的品德和高贵和谐的内心世界。高雅、高尚、高贵不等于高高在上，不等于不食人间烟火。而是要像君子一样和而不同，要同流而不合污，要有一身傲骨而没有半点傲气，要冷眼看世界、热心度人生。我们不论是治病救人还是教书育人，都是与人打交道，要学会尊重每一个人。我们要对穷人与富人给予对等的尊重，财富与道义无间融合，没有什么人比我们更高贵，我们无须阿谀任何人；也没有什么人比我们更卑贱，我们没有资格歧视任何人。人人生而平等，这应该是浸透在我们骨子里的基本素养。

假如我还像你们一样年轻，第三件事就是要学会表达自己。学会准确、清新、自然、细腻甚至风趣地表达自己的内心世界、表达自己的思想和情感，嘴里要有三寸不烂之舌，胸中要有万卷不朽之书。要讲得一堂好课，要写得一手好字、好文章，讲课不仅需要才华横溢、激情四射，更需要精心准备、成竹在胸。开场白如何才能迅速抓住学生的眼球？结束语又怎样才能达到余音绕梁、三日不散的效果？讲课不应看稿，也绝不能照着幻灯片读。或抑扬顿挫、娓娓道来，或旁征博引、滔滔不绝。看似张口就来、随心所欲，实际上一招一式、一言一语都应精心设计、反复推敲。台上三分钟，台下十年功！个中的酸甜苦辣，我是深有体会的。

　　写文章先要学会写字，不要因为有了电脑就忽视了手书。写得一手好字，令人赏心悦目！不论是求职报告还是求爱的情书，一手漂亮的字就有可能让你获得意外的收获。要用心琢磨每个汉字，不要以为认得就行，一个汉字就是一幅画，一个汉字就是一首诗，汉字魅力无穷，每个汉字都能带给我们无尽的遐想。不琢磨汉字的话，你就无法理解，在北京奥运的开幕式上，为什么张艺谋会动用千人表演活字模块上下翻动，创造出一幅幅令人叹为观止的壮丽画面，让外国人看得目瞪口呆！因为汉字是中华文化的魂。

　　如果说中国字是字字珠玑，那写文章就好比穿针引线，把散落的珍珠串成美丽的项链。写文章一定要有感而发，不可无病呻吟、矫揉造作，更不可套用"八股式"。现在有了电脑和网络，有人耍小聪明，在网上东下载、西下载，拼凑文章。看起来好像是无缝连接而且辞藻华丽，但没有动感、没有血肉相连、没有生命力，此等文实在可笑，此等人实在可怜。古人云，文如人也，文品就是人品。书到用时方恨少，所以闲暇时要看点书，我是指专业书籍以外的书。夜深人静之时，就一盏孤灯，泡一杯清茶，读一本经典，如同在仰望星空，如同在与哲人对话。当然，时下流行的杂书、微信之类也要浏览浏览，才能脚踩地气、回归现实、与时俱进。如此日积月累，一旦心动，就会文思泉涌，或喷薄而出，一发而不可收拾；或如涓涓细流，任其缓缓流淌，天然去雕饰，如实记录下这一原生状态就是一篇好文章。极品文章要情出本性、语自天然，能写出这样文章的人要么是小孩，要么是大师。

　　假如我还像你们一样年轻，又假如我暂时还不得志、暂时还不风光、暂时还未遇上伯乐，第四件事就是我不会自暴自弃，不会抱怨怀才不遇。因为我知道，怀才与怀孕一样，时间长了总会显山露水；因为我知道，地球是旋转的，咱不可能永远处于那个倒霉的位置；因为我知道，要知难而退，韬光养晦，见到红灯就该停住的道理；因为我知道，如果我有足够的聪明，机会总会是有的，头等的聪明是创造机会，二等的聪明是寻找机会，三等的聪明是不错过机会，当然剩下的就没有机会了。

　　即使没有机会，也不是什么了不起的事。富日子咱简单过，穷日子咱开心过，咱总还没有沦落到拾荒者的地步吧。即使是那些看似卑微的拾荒者，好似路边任人践踏的小草，实际上他们却坚强得如同风雨中挺立的大树。他们不屑于路人的轻蔑和歧视，他们不抱怨世间的酷暑和严寒，还有他们对苦难命运的担当，对社会不公的宽容，对卑微生命的珍惜。我当精神科医生几十年了，很少听说过乞丐们也患抑郁症，更没见过乞丐们哭着喊着要自杀的。可怜之人也有可敬之处啊！

假如我还像你们一样年轻，假如正处热恋或刚刚筑就爱的小巢，第五件事就是一定会想起一个故事。柏拉图问他的老师：爱情是什么？婚姻是什么？他的老师是著名的苏格拉底！我记得苏格拉底好像是这样回答的：爱情就像麦田里的麦穗，婚姻就是在麦田里寻找它。有人总想找到最大的那颗，结果是走过了麦田，错过了麦穗。爱情是理想，婚姻是选择，婚姻不是搞科研，不要特别精确。猫头鹰永远是睁一只眼闭一只眼，但它视力极佳，绝不会错过不该错过的东西。婚姻不是要改造对方，而是要调节自己，婚姻需要栽培，感情不可透支。古人云，"愿天下有情人终成眷属"，其实我更想说，"愿天下眷属终成有情人"。

假如我还像你们一样年轻，假如初为人父、初为人母，第六件事就是我一定要让孩子幸福。我不担心孩子会不会输在起跑线上，而要关注孩子能不能可持续发展。人生就像马拉松，一起跑就不甘人后拼命冲刺的人，是很难坚持到达终点的。我们的孩子不缺少关心、不缺少疼爱，缺少的是被信任、被尊重，别人只会关注他们飞得高不高，而父母应该关心他们飞得累不累。

孩子是最幸福的，父母是最辛苦的，在这里我说的父母是指我们自己的父母。是父母赐予了我们生命，是父母含辛茹苦地把我们拉扯到大。世界上没有谁比我们的父母更爱我们，父母恩重如山，无以回报，所以，一定要记住父母的生日，如同你们记住今天这个日子一样。爱孩子是本能，爱父母靠良知啊。

今天我们欢聚一堂，明天你们又要远走高飞，飞向大江南北，飞向海峡对岸，飞向更广阔的天空，我很欣慰！有的人远在边陲，能开疆辟土，打拼出自己的一方天地来，我感到很欣慰！有的人著书立说，请我写序，我感到很欣慰！有的人请我主持他的研究生答辩，看到人才辈出，我感到很欣慰！那些小小的研究生们窃窃私语，"老师的老师叫师爷，那导师的导师是不是要叫'导爷'呢？"听到这些调皮话，我感到很欣慰！有的人受邀四处讲学，有的人奔赴海外频频交流，我感到很欣慰！还有的人获得了全国五一劳模奖章，建成了以自己名字命名的心理工作室，有的人也做了博导，更使我欣慰！

青出于蓝而胜于蓝，我感到很欣慰！！

而我呢，我仍将守望着中南大学湘雅二医院这方天地，像我们家乡的农民那样，对沧桑保持着天然的崇拜与敬畏，把希望的种子埋在地下，精耕细作，日复一日，虔诚地等待下一个春去秋来。

我仍旧信奉孟子那句至理名言"得天下英才而教育之，人生一乐也"。我不稀罕千古流芳，用平凡的学生衬托出老师的高明；我更期望传道授业，你们都成材了，我才敢底气十足地说自己桃李满天下。

最后我想鼓足勇气地说，我是爱你们的！讲出来有些别扭，因为我从来没有讲过这句话；你们听起来也一定惊讶，因为你们好像从来就没感受到吧？但我要告诉你们：这是真的！男人的爱在心里，老师的爱很深沉，不靠感受，要靠顿悟！

（根据张亚林教授2011年7月1日录音整理）

谢鼎华：

要注重培养研究生的道德修养、创新能力和社会服务能力

研究生教育是我国高级人才培养高地，其质量关系到经济社会发展及人才的储备。自研究生教育恢复以来，我国已培养数百万博士和硕士研究生，总体素质较高，在国际上有很强的竞争力，对我国社会主义建设事业的高速发展与进步发挥了积极作用。但是，研究生教育还存在不少问题需要加强解决，例如在校学习期间的生活费问题、是普通教育还是精英教育问题，以及是培养研究型学生为主还是培养应用型学生为主等问题。个人认为，研究生在读期间生活应该有保障，以便学生可以无后顾之忧地学习和研究；研究生教育应该是精英教育，是培养高级人才的高地；培养方式应该是研究型和应用型相结合的教育，即研究和专业培训相结合，培养学生研究能力和专业知识及技能。本人亲身经历了研究生教育，又在美国大学学习和工作多年，自1996年以来先后培养博士和硕士研究生近50人，也有一些心得和体会。现就在研究生教育过程中要注重加强道德修养、创新能力和社会服务能力的培养这三方面来谈及个人体会。

一、加强研究生政治、思想等道德修养的培养

道德修养包括很多内容，有政治修养、思想修养、心理修养及职业修养等。加强研究生道德修养的培养，一是要提升政治修养。政治修养是道德修

养的核心内容，一个没有政治修养的人，就等于没有了灵魂，前进没有方向。部分研究生错误地认为政治跟自己没太多关系，只要把学习和工作做好就可以了，却不知我们所进行的医疗或科研活动都离不开政治，都是为一定的政治服务的。碰到具体问题时，分不清是非，当个人利益和国家利益发生冲突时，不会做正确选择，这方面有很多经验和教训。研究生教育中对研究生的政治修养应有较高的要求，正如前苏联著名生理学家巴甫洛夫所说："科学没有国界，科学家有祖国。""我愿用我全部的生命从事科学研究，来贡献给生育我、栽培我的祖国和人民。"为此，研究生应做政治上的明白人，心怀祖国和人民，为养育自己的祖国和人民贡献自己的智慧和力量，做对国家和人民有用的人才。二是要提高思想修养。思想修养是道德修养的主要内容。思想决定行动，有什么样的理想和信念、人生观和价值观，就会有什么样的行动和作为。我国现在和今后很长时间的目标和追求，就是十九大确定的战略目标，在21世纪中叶建成社会主义现代化强国，实现中华民族伟大复兴的中国梦。研究生教育要为这个伟大目标培养和输送大量优秀人才，研究生要把自己的理想和追求融入其中，在实现中华民族伟大复兴的中国梦中去体现自身价值，做到有责任、有担当，吃苦在前、享受在后，远离拜金主义、享乐主义和个人主义等低俗和落后的观念。同时，要注意提高研究生的心理修养，因为心理修养是思想道德的基础内容。此外，还要加强研究生敬业爱岗教育，培养钉子精神，做一行爱一行，在刻苦钻研中成就一行。

二、加强研究生科学精神和创新能力培养

研究生培养的主要内容是科研，而科研的核心是创新，创新人才是实现社会主义强国所急需的人才。按照研究生教育大纲要求，硕士研究生培养侧重科研基本功训练，对创新要求不高，而对博士研究生则侧重创新和发现。根据这些年研究生培养的实践和所遇到的问题谈几点自己的看法。

首先要培养研究生的科学精神、科学态度，科学精神的灵魂就是实事求是。前苏联著名生理学家巴甫洛夫说过"自己动手，自己动脚，用自己的眼睛观察，这是我们实验工作的最高原则""要学会做科学中的粗活，要研究事实、对比事实、积聚事实""要循序渐进""在想要攀登到科学顶峰之前，务必把科学的初步知识研究透彻。还没有充分领会前面的东西时，就决不要动手搞往后的事情"。这些教导是研究生及所有从事科学研究工作者应遵循的基本科研道德。但是，这些年由于受到社会上不良因素的影响，国内出现

不少科研论文造假事件，刊登在国外期刊的论文被撤回，还有科研成果剽窃事件，更有甚者，多名院士和研究生一起造假，在国内学术界及社会上、国际上造成了恶劣影响，其情节触目惊心。这些问题的本质就是缺乏科学精神，违背科学研究和科研工作者最基本的道德和良心。我们要培养研究生树立正确的科研观，必须先培养其科学态度和求实精神，使其拒绝学术不端行为，克服急躁情绪和急功近利的思想，潜心钻研，做一名有道德、有良知的科研工作者。

二要培养研究生敢于破旧立新、挑战权威的精神。科学研究的每一次新发现和新成果都是对过去理论和技术的一次超越，本质上讲就是创新。因此研究生要勇于探索、解放思想、破旧立新，敢于挑战传统理论和权威；要坚持以问题为导向，善于提出问题、分析问题和解决问题。正如巴甫洛夫所说："问号是开启任何一门科学的钥匙。"研究生只有不断地提出问题，研究问题，才能最终解决问题。

三要培养研究生的国际视野，走出国门向先进学习，开拓视野，学成后回国服务。导师和学校应创造条件，通过"送出去、请进来"或者与国外科研院校联合培养的方式，让学生有出国学习和研究的机会。自1996年招收研究生以来，我与国外多所大学和研究机构建立了科研合作关系，引进"芙蓉学者"，先后派20多名研究生和学术骨干赴美国斯坦福大学、密歇根大学、北卡罗来纳大学、南卡罗来纳大学、迈阿密大学等研究机构，及德国、加拿大、瑞典、新加坡等国学习和研究。这些赴外学习的人有些是联合培养的博士生，有些是博士后教育和培训，有些是根据国内的项目如人工耳蜗为主的听觉植入及耳外科专题出国学习培训的学术骨干，这些人先后学成回国担任学科带头人和学科业务骨干，有的留在国外工作并为学校争得荣誉。创新不是一件容易的事，需要有勇气、有吃苦耐劳的精神、有坚韧不拔的毅力，甚至需要付出毕生的精力，正如马克思所说："在科学的道路上没有平坦的大路可走，只有在崎岖小路的攀登上不畏劳苦的人，才有希望到达光辉的顶点。"

三、加强研究生专业和社会服务能力培养

为国家效力、为人民服务是研究生培养的出发点和落脚点。我们培养的研究生除了要有良好的道德修养、科学研究能力和创新能力，还要有过硬的专业技术水平和社会服务能力。

一是要加强研究生专业技术培训，提高其专业理论水平和解决实际问题能力。针对硕士生、博士生和八年制医学生在时间安排和培养目标上进行分类指导，硕士生在读期间重点在于"三基训练"，即基本理论、基本知识和基本技能，为毕业后工作打下良好基础；博士生除"三基训练"外，应根据研究的专业方向，对相关理论知识有较深掌握，对相关临床工作有较深了解；八年制医学生面临的困惑比较多，主要是进入专业实践的时间短，科研和毕业论文准备时间也短，完成专业技术培训和科研能力训练及毕业论文困难较多，建议在时间安排上对八年制医学生增加专业培训和科学研究培养时间，进一步提高其专业素质和科研能力。

二是要提高研究生的社会服务能力。研究生社会服务包括很多方面，比如可以通过产学研结合的方式为企业服务、为国家战略需要服务。作为医学专业研究生，其主要的服务对象是病人，应依法行医，树立良好的医德医风，全心全意为病人服务；还应该走出校门，走向社会，特别是到基层去，到少数民族地区和贫困地区去为人民服务；更应该到一线去了解人民的需求，实现自己的职业价值。

张广森：
教学相长三十载　凤凰涅槃得重生

  1981年深秋，在当年的衡阳师范高等专科学校校园考点，我以忐忑不安和虔敬的心境参加了1981级全国首届正式由国家统一命题英语和政治科目、招生学校命题专业和专业基础科目的硕士研究生入学考试，报考专业为原湖南医学院附二院血液科"出血性疾病"研究方向。当年的考试科目出题原则是优秀本科毕业生能达及格水平的难度。录取标准更为严格，除总分必达300分外，各单科也有分数要求，录取原则是"宁缺勿滥"。作为一个祁阳县人民医院的经治医生，也是乘长途客车疲惫赴衡赶考的考生，我面临着激烈的竞争和诸多的不确定性。天道酬勤，也许还有些运气，我顺利通过了近乎严酷的考试，成为当年湖南医学院（附一/附二）内科系统（心血管、内分泌、呼吸、消化、肾内、传染、血液系统）唯一被录取的硕士研究生，由此成为凌

柱三教授的首个硕士研究生，开始了新的学习生涯。

硕士研究生期间，除了完成规定的研究生必修课程（高等数学/英语/自然辩证法/统计学/科研设计）外，本人还选修了高级生化、细胞遗传学、血液生理、高级免疫理论与技术的课程。经过一年的基础训练和炼狱般的考试，终于以81级研究生班唯一各科全优的成绩进入了血液科临床研究训练阶段。硕士学位课题是研究一种新型药物——1-去氨基-8-D-精氨酸血管加压素（DDAVP）对血友病A凝血因子VIII活性和抗原的促分泌作用。在导师指导下我学会了凝血机制生物学方法检测技术以及FVIII：C定量分析技术；探索建立了凝血因子FVIIIR：Ag的火箭免疫电泳检测技术；在招募血友病A病人过程中学会了如何与病人沟通交流的方法技巧。得益于导师的指导与自身的努力，硕士研究生论文以全论著形式发表在1984年的《中华血液学杂志》上，初步品尝了科学研究带来的兴奋与快乐。

硕士研究生毕业后留在湘雅二医院临床教学工作6年，面临学界竞争日趋激烈的态势及"内省"自身对生命科学前沿技术的陌生，以及对分子生物学的神秘感和好奇心，我毅然放弃了国内攻读博士学位的机会，于1991年5月以自费公派（美方资助）形式受邀赴美国著名的圣路易斯华盛顿大学医学院血液/肿瘤科从事博士后研究，师从国际"肝素辅因子II（HCII）"（一种抗凝血酶蛋白质）顶级研究专家——Douglas. M. Tollefsen教授。在导师指导下承担了鼠肝素辅因子II基因cDNA克隆、序列分析、体外重组蛋白表达、HCII蛋白分离纯化及鼠HCII蛋白组织分布等。该项研究不仅在国际上首次克隆了鼠HCII编码基因全序列并登录注册了美国基因库（知识产权归属美国导师），奠定了日后（2001年）HCII基因敲除鼠模型的基因结构基础；也为20余年后我和我指导的研究生立足本土实验室，在国际上首次克隆了两种新型白血病致病融合基因（GTF2I/RARA；NAP1L4/NUTM1）并登录注册美国NCBI人类基因库（注册号：KP100665，2014；及MF571888，2018）埋下了伏笔。颇感自豪的是，克隆注册的基因知识产权归属于中国。华大留学期间，以第一作者身份在国际重要的化学研究期刊 *Biochemistry*（1994）发表了自己的研究结果。通过华大医学院的博士后训练，不仅系统地掌握了分子/细胞生物学方法与技术，更重要的是学会了如何捕捉研究的闪光点及创新点，培养出了独立科研的能力，增强了自信心，加大了自己对探索生命奥秘的勇气和坚忍力，也为自己日后的研究生培养工作奠定了扎实的基础。1994年12月，也许是家国情怀使然，我放弃了继续在美深造的机会，做出了当时至少98%留美学人无法做出的困难决定，携妻儿回国。由此，开启了留美学生到研究生导师的身份转换。这种角色变换，不是所谓的"华丽转身"，而是崇高的使命感和沉甸甸的责任感。

从1995年开始至2014年作为硕士/博士研究生导师，我培养了76名硕士/博士研究生，包括临床医学七年级及八年级研究生，他们均已毕业，其中博士研究生38名，现已评为教授者14人。这些研究生现在大多成为了省部级三级甲等医院血液/肿瘤科或研究单位的业务尖子及临床科研中坚力量。1997级硕士研究生周光彪2000年考取了上海交通大学瑞金医院血研所王振义院士的博士研究生，毕业后分配在中国科学院动物研究所，现为中科院/中国科技大学教授，博导，国家杰出青年。第一个七年级硕士研究生张琳在考取了我的博士生后，由于就近照顾家庭原因弃读转而考取了上海交通大学瑞金医院血研所陈赛娟院士的博士生，后赴英国曼彻斯特大学医学院攻读博士学位，并完成了牛津大学的博士后训练，现回国在上海瑞金医院血研所从事血友病B基因治疗研究工作。从这里也许可以得到一点启示：作为导师，要充分尊重研究生的意愿和选择，不能将研究生作为自己的"私有财产"，将有能力有发展培养前途的研究生全部留在自己身边为己所用。天高任鸟飞，海阔凭鱼跃，敢于脱离本体、出外闯荡并领略外面学术世界和风光的研究生，既表明他们有勇气，也说明他们具有较强的学习能力、积极的进取心、满满的自信心和科研定力。这样的研究生毕业后往往在学术上能取众家之长，学术起点更高，学术研究上走得更远。

回溯近30年的研究生培养经历，其间既有分享一年一度研究生毕业论文答辩通过后的喜悦，也有研究生学术论文发表后的兴奋和激动，更蕴含着研究生勤奋努力的汗水及导师呕心沥血的指导。课题的研究实施过程包括研究选题、科研设计、具体实验方法与路径选择、结果分析、统计处理、科学意义及论文修改。作为导师，应该全程把关和指导，不遗漏任一环节，其中两处必须严格把关。一是实验结果的判定与分析，这一点非常重要。对阳性结果，需要重复至少三次；对阴性结果，帮助分析原因，过滤实验的每一步骤或调整实验方案。如重复多次后仍为"阴性"，则服从实验结果，有时候"阴性"结果也具有科学意义。二是对研究生论文的修改必须认真且亲力亲为。研究生经过了3~4年的研究工作才将自己的研究结果进行汇总分析成文，因此论文写作指导及论文脱稿后导师的修改与把关非常重要。这既体现了导师对学生研究成果的尊重，也锻炼了研究生构思论文写作框架、分析解读研究结果、归纳提炼科学意义及创新点的能力。回顾自己培养的76名研究生所写的76篇硕士/博士生毕业论文，我对从论文题目、中英文摘要、前言、研究方法、结果、意义及讨论到最后的致谢均进行了逐字逐句的阅读与修改,除了科学问题的把关,还包括遣词造句甚至标点符号的修改,有时还需要进行一稿、二稿、三稿的修改,个中艰辛五味杂陈。在某些年度4~6个研究生同时毕业,论文修改更像是压在自己头上的"座座大山",竟有"望文生畏"的感受,尽管如此,这项工作是必须完成的,而且我也无怨无悔。为人师表,必须自身认真严谨,甘于奉献,要给学生以表率并捍卫"研究生"这一崇高学术称谓的尊严。正由于对研究过程指导的从一而终与论文修改的严格把关,我所培养的研究生的毕业论文,无一不顺利通过研究生论文的盲审以及年度论文质量抽查,更没有留下中南大学湘雅医学院血液学业界内发生的某次研究生学位论文抽查出现"次品"的不良记录。

研究生的录取与培养对导师而言,不应将其作为炫耀自身的一道光环或谋求某种利益的工具,而应视为一种沉甸甸的担当和教书育人的责任使命。"打铁必须自身硬",为人师表应包括立德树人、医德医风、崇尚科学、敬畏科学、追求卓越与创新。导师需培养学生对科学的热爱、对党和国家的忠诚、对病人的关怀及对生命的守护和敬畏,各方面都必须做出表率,既要对研究生的学习严格要求,也需随时关注研究生的思想动态和帮助他们化解困难,使研究生始终有一种安全感和较高的幸福指数。作为导师的我虽平时不苟言笑,颇显威严,但内心善良不乏同情心。回想自己培养的70多名研究生,有好几位女博士研究生由于实验的不顺利或研究压力,在我面前流下过委屈的泪水,我的内心是非常同情她们的。值得宽慰的是,自己所培养的76位研究生均身心健康得以毕业并找到了心仪的工作岗位,"种瓜得瓜,种豆得豆",百分之百毕业并就业的高成功率也是我引以为自豪之处。难能可贵的是,在我的研究实验室,在每天艰辛枯燥的研究工作之余,飞出了两对博士生"鸳鸯"——2004级博士生李睿娟/旷文勇夫妇和2011级博士生王志华/朱世聪夫妇,他们在获取博士学位的同时也收获了爱情,恋爱未使学术受到影响与干扰,结果是双赢。李睿娟的博士论文通过蛋白质组学技术及从甲基化表观遗传调控角度,首次发现了慢性粒细胞白血病急性变化疗耐药的分子机制——线粒体ATP合酶及逆转策略,研究结果以论著形式发表在国际著名肿瘤学研究期刊——*Annals of oncology*(影响因子分别为13.926分)。王志华博士夫妇的博士论文,均在国际知名专业SCI期刊发表(影响因子为6.61及3.95分)。

始终注重对研究生独立科研能力及创新意识的培养是研究生培养的重心。研究方向的把握,应密切结合专科临床实践,结合学科自身的特点与长处，坚持不追风。咬住科学问题不放松，逐步培养研究生探索科学问题、一步一步解决科学问题的兴趣、能力与激情，只为科学问题求解，而不为论文篇数较劲，这是必须坚持的原则。求真、求确、求实、求新，是科研必须恪守的底线，正是这些原则的遵循与坚守，在 SCI 论文"大跃进"年代，我的博士研究生难以在求学期间发表两篇 SCI 级论文，毕竟科研论文是靠无数次实验、无数个临床病例的积累做出来的，不是靠一天到晚闭门造车埋头写出来的。只有当论文的创新性被认可和发表，学生才能感受到真正意义上科研带来的乐趣和享受论文发表后轻松的快乐。浏览我培养的毕业博士生发表的论文，有几篇论文的亮点仍令人记忆犹新。首届 1996 级博士生涂传清教授（现任深圳宝安医院血液科主任），博士课题为研究"吲哚美辛的体外抗慢粒白血病作用及机制"，由于课题的原创性，该论文发表于 2000 年的 *Leukemia Research*，至今已获得 137 篇次的引用，其同类型药物抗白血病干细胞的研究目前仍是国际研究热点。1999 级戴崇文博士论文研究了"血液同型半胱氨氨酸浓度及代谢酶基因多态性与动静脉血栓形成的关联"，论文发表于 2001 年的 *Thrombosis Research*，现已获得 176 篇次的引用，并被《柳叶刀》(*The Lancet*) 所引用并纳入英国学者《柳叶刀》论著的"荟萃分析"。在教学相长的过程中我也享受了 2005 级临床医学八年级李吉博士研究课题带来的惊喜与快乐，从我诊断的一例变异型急性早幼粒细胞白血病（APL）病人入手，采用 5'-RACE-PCR 方法，扩增、鉴定并克隆出了一种新型 APL 致病基因——*GTF2I-RARA* 融合基因。这是国际上首次发现并克隆的第十一种变异型 APL 融合基因，该研究论文发表于《英国血液学》（BJH，2015）；克隆的白血病致病基因已登记注册于美国 NCBI 人类基因数据库（NO：KP100665）；并被评选为 2014 年度"湖南省十大科技新闻"。也感谢 2003 级博士研究生彭宏凌及 2007 级博士研究生邓明扬参与我的得意之作——*Mah-Jong-related deep vein thrombosis*，于 2010 年以临床研究通讯形式，发表在国际医学顶级期刊《柳叶刀》上（影响因子为 53.254 分），从而开辟了湘雅医学院创立 96 年来临床《柳叶刀》论文发表之先河。

  30 年的研究生培养经历，一路走来，几多寒暑，几多沧桑。从当年意气风发的青春学子，到如今两鬓斑白的资深导师，经历了多少次师生互动，也感受了相得益彰的教学相长：研究生获得了研究的知识，锻炼出了独立的科研能力，羽毛渐丰，长出了腾飞的翅膀；老师也从这一过程中感染了青春的正能量，汲取了新的知识，增强了不断积极创新的力量。看着当年这一批批青涩的、在老师面前中规中矩的青春学子，现已成为分布祖国大江南北，在三甲医院或研究机构独当一面的业务骨干及硕士、博士研究生导师，我除了感到慰藉，还深刻体会到"青出于蓝而胜于蓝"的发展规律和内在哲理。光阴荏苒，时短流长，学术事业传承的接力棒将按历史的轨迹，切合时代前进的步伐，伴随中华民族伟大复兴的鼓点与号角，薪火相传，源远流长。

霍继荣：

医学研究生究竟学什么

　　光阴似箭，日月如梭。时间就像一只无形的手，把岁月的书页一页页翻过，它使今天变为昨天，又把昨天变成回忆。韩愈说"古之学者必有师"，任何一个人在学术上的成长，都离不开前辈的引领。转眼间我成为中南大学湘雅二医院的研究生指导老师已经20多年了。参加完今年的毕业典礼，我的最后一届学生也毕业了，抬头仰望，满眼星光，我长长地舒了一口气，回忆自己20多年来与学生在一起成长的人生旅途，想起学生们离别时的依依不舍之情，心中感到无比的欣慰。在学生毕业的那一刻，师生已经变为同一专

业的同事,礼貌变为调侃,严厉变为不舍,而今他们已成长为医疗领域的栋梁之材,曾经在生活中的各种情景已经变为回忆,是这些年我们心中最美的回忆。

一、医生为什么要做科研

刚刚步入科研大门的研究生就是一张白纸,有无限可能,这张纸上会有什么内容,取决于导师的引导和学生的决心。作为年轻一代的研究生,他们是未来中国医学科研团队的主力军,肩负着医学领域未来发展的重任,大旗总有一天会交到他们手里,现在养成的科研能力和科研态度不仅仅影响他们未来的个人发展,更关系着我们国家的未来。

有一次我的一个研究生来找我讨论攻读学术型研究生还是专业型研究生的问题,她对我说:"老师,我真搞不懂那些做了到底有什么用,十年后我坚信,没有医学科研的论文,我仍然可以做一名好医生。"我起初有点惊讶,但是思考几秒钟后,我语重心长地对她说,我们要把握时代的变化,一个不想做研究、不想写论文的医生,无论有什么理由,都不是很明智的选择。成为一名医生,要知道今后在临床工作中如何发现问题、解决问题,如何为解决这些疾病奠定理论基础及机制,来提高医疗水平。我将目前消化道肿瘤的靶基因研究、制出靶基因药物到明显提高临床疗效、提高了病人的生存率的例子讲给她听。不做科研固然轻松,不写论文、不总结成果固然洒脱,但长期这样做的医生给自己以及病人带来的利益就会比较局限,医学水平永远不能进步。如果我只告诉你看病,你只能成为"医匠",只有会看病又会做研究的医生才能成为医学家。工欲善其事,必先利其器。研究生培训期间并不一定要你发表多少 SCI 论文,而是要培养具有创新意识和创新能力的科研素质,掌握研究科学问题的方法和技能,这是关系到研究生在将来的工作中是否能够适应未来国际医学科学技术竞争的基本素质和发展潜力的重要环节。学生听完后深受感动。告诫学生要永远铭记中南大学"知行合一、经世致用"的校训和"向善、求真、唯美、有容"的校风,牢固树立知识奉献社会、才干服务人民的从业观;践行医学生"救死扶伤,不辞艰辛,执着追求,为祖国医药卫生事业的发展和人类身心健康奋斗终生"的誓言。湘雅的先贤为我们选择的院训十分深刻,"求真求确、必邃必专",我认为这是对我们医务人员进行科研的具体阐释,应不忘初心,砥砺前行。对待学术,我们应该树立正确的荣辱观,在学术上孜孜以求永无止境,科研学术应该是踏踏实实地工作和研究的沉淀，而不应该沦为以利益为目的的垫脚石，更不能为了虚荣而粗制滥造，应拒绝一切学术不端行为。

二、教育研究生如何进行科研选题

现在做科研都在倡导转化成医学研究，就是要求医生创新性地从临床实践中发现问题、定义问题，并且提高解决问题的能力，亦步亦趋对于培养高水平科研能力来说是远远不够的。实际上，临床医生的研究题目很多，这些题目也只有医生能想到，如果医生都不去发现临床问题、不去考虑这些问题如何解决，那么医学又如何能进步呢？我国现在医学发展都是跟在发达国家身后学习、模仿，很少有自己创新的知识，所以我教育学生们从临床中发现问题、解决问题。例如，我们在临床上发现服用土三七引起肝窦阻塞综合征，症状是肝脾肿大，有大量腹水。是什么机制造成的？有什么方法预防和治疗？我和我的研究生团队一起商讨，从动物实验到发病机制探讨，发现了多种血管内皮因子损伤，早期可用激素、丹参等预防，研究成果整理后发表了数十篇 SCI 文章，受到国内同行认可。

三、提高解决问题的能力

中国古人说"学必悟"，研究生学习的突出特点是学习的过程即是领悟的过程。引导学生树立临床思维，在临床思维的理念指导下实践。研究生的教育不再是简单的"填鸭式"教学，在这个互联网无处不在的时代，提高学生主动获取知识的能力，提高解决问题的能力是学习的主要任务。真正的自信绝不是凭借某一种技能，而是深信自己有解决问题的能力。在带教中我会给学生一个研究方向，让学生结合临床问题，去学会查找文献，复习文献，制订出研究方向并实施，最后总结分析，不断发现问题并解决问题。只有这样，无论学生毕业后走到哪个岗位，都能充满自信地去面对各种问题。一个人的价值，并不是学历、知识、经验，而是发现问题、定义问题，并且解决问题的能力。

四、学会如何面对挫折

健康所系，性命相托，研究生面临着艰巨的任务，失望在所难免。临床上我们可能遇到诊断困难的病例,可能遇到治疗效果很差的患者,这些都会令人沮丧,尤其是当前医患之间信任的缺失在一定程度对医生提出了更高的要求。马克思说,在科学上没有平坦的大道,只有不畏劳苦,沿着陡峭山路攀登的人,才有希望达到光辉的顶点。医学科学研究是一个充满艰辛与挫折的过程,需要长期的坚持和磨炼才能取得成效。或许我们会经历实验进展不下去,一直发现不了问题的所在,或者发现了问题所在,但是已经没有继续研究的价值等诸多问题。因此,需要培养学生良好的自我调节与控制能力,从而使他们能够抵制不良思想观念的影响和诱惑,战胜自己的焦虑、抑郁及惰性,不会因为一时的失败而一蹶不振。除此以外,还应教育他们要有团队精神,一个和谐的团队,一个心情舒畅的工作环境,必然给人好的心情。在这样的环境下工作,不仅工作效率会提高,工作也变成了一种兴趣、享受。我在20年的研究生教育中也遇到两个极度焦虑的学生,通过促膝长谈,我建议她们与团队的同学们一起学习,生活上一起跑步、打球,参加各种有趣的活动等,最终,她们顺利毕业,也让他们的生命更加多彩,能健康、快乐地迎接新的生活和工作。

五、授予临床技能

(一)掌握医学基础知识

践行医学生"救死扶伤,不辞艰辛,执着追求,为祖国医药卫生事业的发展和人类身心健康奋斗终生"的誓言,医学领域学无止境,要求学生掌握好医学基本知识、基本技能,言传身教门诊、查房、内镜,起到引导、传承、创新的理念,让学生毕业就能成为最好的专科医生。

(二)善于倾听与交谈

希波克拉底说,医生治疗疾病的三大法宝是:语言、药品、手术刀。语言虽不是科学,但说话是门艺术,先听后说,弄清问题。人性化思考要解答的问题,提供人性化服务,相互理解。导师应告诫学生换位思考,站在患者角度去说明自己的观点,避免态度粗暴;回答问题要灵活,专业问题回答要肯定,不要含糊其词。作为一名医生需要有仁德之心、大爱之心,患者将生命交付予医者,医者须承受生命之千钧重托。疾病的诊断来自病人的完全病史,当病人叙述时,一定要认真耐心,先听后说。诊断、治疗疾病、判断病情的预后,要用专业知识分析,专业问题回答要自信,要获取病人的信任。导师还应教育学生在临床工作中要耐心、淡定、自信、从容。

(三)多巡视、多沟通

医生要经常到病房看望病人,使病人感到自己是被关爱、被重视。病人在医院对被关爱的需求往往比健康时表现得更为强烈,他们希望得到医护人员的关心与呵护,所以医生要多巡视病人,了解病情、有何需要,耐心听取病人的主诉,细心回答病人和家属提出的问题,增加沟通是减少医疗纠纷和事故的重要方法。因此,我将医患沟通作为学生的重要学习内容。

在即将结束研究生教育之际,特别感谢我的团队中积极勤奋的每一位学生,是你们陪伴我共同前行,我的生命中有你们的光彩。希望今后各位同学们取得更大的成绩,也祝愿每一位同学工作进步、专业辉煌、生活快乐!

赵水平：
新时代临床研究生培养思考

我国的医学教育和临床研究生培养均处于探索阶段。单从近年来我国医学院校的学制（如五年、六年、七年和八年制）在不停地改换，就不难看出教育管理者们还在不断摸索医学教育的自然规律，而临床研究生的培养更是在初级阶段的摸索中前行。临床医学研究生培养经历基础课程、临床培训和课题论文三个阶段。基础课程阶段的临床研究生，前期在校本部上课，与本专业的老师不熟悉，此阶段参加科室汇报和科室业务学习，能够提前熟识本科室的老师，为将来临床工作的顺利开展打下基础。临床医学研究生的教育应该是面向临床医疗工作，立足于培养高素质、高水平的临床医学人才。他们毕业后，至少应该能在各自的专业领域基本独当一面，再通过几年临床实践

后，在临床医疗工作和临床科研工作方面应成为国家的高级临床医学人才。在新时代，临床医学研究生培养教育要适应社会需求，下列几点值得思考。

一、临床培训始终放在首位

临床医学研究生经过3年的培养，应掌握本学科专业常见病和多发病的病因、发病机理、临床表现、诊断、鉴别诊断及处理措施；能全面准确地采集病史和正确地进行各种体格检查及专科特殊检查；能正确、准确地书写病历及与之相关的各种医疗记录；正确熟练地掌握与本学科相关的各种临床操作基本技能；能针对不同患者及不同疾病恰如其分地开出所需进一步的实验室检查、影像学检查及其他特殊检查，并对这些检查结果能正确阅读和分析。所以，"三基"训练是培养高级临床医学人才的基本条件。

临床思维能力包括临床观察、判断、分析、综合和预测能力，这种能力往往通过分析病例、解决具体问题表现出来。在培养过程中，导师要对研究生的实践能力、临床工作能力等提出具体的要求：严格规范基本技能、基本操作的训练，杜绝不规范医疗操作；从患者接诊、检查到治疗，全套正规程序严格要求，每个程序均由上级医师或导师亲自把关负责，定期进行专项考核；每日要跟随上级医师查房，每周两次跟随副主任医师或主任医师教学查房，查房前要求研究生必须熟悉自己分管患者的病情，查房时，研究生汇报患者的病史，归纳病人的病史特点、诊断及相关鉴别诊断、治疗情况等，从中掌握不同疾病的诊治重点；加强疑难重症疾病的讨论制度，通过对疾病诊治的疑点、难点及注意事项等进行讨论，可以提高临床研究生的临床思维能力，如对重点病例提前通知研究生，要求研究生采集患者的病史及体征，查阅相关资料，并对患者病情进行分析总结、介绍目前国内外治疗方法及循证医学结果。通过与老师们的分析结果进行比较，使临床思维能力进一步提高。同时，研究生临床学习期间，根据专业方向可酌情安排一些相关辅助科室的轮训，这样更有利于学生知识面的拓宽和能力的提高。

二、注重科研能力的培养

导师应根据学生的具体情况，指定所要阅读的参考书、本专业及相关专业的刊物，要在规定的时间内完成阅读任务，每月或每两个月写出相应的读书笔记或心得体会与导师交流。还应要求研究生查阅大量国内外文献，随时关注国内外同类课题的发展方向和最新动态,为第二步的选题做充足的准备。

选题是科研工作的核心,正确且设计严密的选题是科研工作的前提与基础。要求研究生了解本学科的最新进展、发展方向和存在问题,所选课题的方向和意义,使选题既具有较高的科技含量,又有较强的实用性。研究生通过在校的基础理论学习及大量的文献及参考书的阅读,已对本专业的现状及概况有了初步的了解,进入临床阶段后,在导师的指导下,学生应根据自己的个性、特长,提出自己感兴趣的课题。导师则在自身研究方向的基础上给予学生更多的设计空间,引导学生在正确的方向上发挥更大的创新能力。一个人对所从事的研究工作有浓厚兴趣时,就必然会全身心地投入。这时学生研究课题的目的不再仅仅是为了写毕业论文,而是探索、发现及创新的过程。课题的设计一定要重视细节,要精确合理,病例数目一定要充分,研究方法要具有可行性,要仔细推敲和研究,避免在课题设计上就存在致命的缺陷。导师应培养学生严谨的作风和独立科研的能力,研究生必须具备严谨的科研作风,实验过程中一定要实事求是,在实验开始时不应该预先设计实验结果,实验数据不能修改,更不能编造。

导师还应经常听取研究生的实验进展汇报,检查和讨论原始数据,帮助研究生解决实验中遇到的问题,针对现有的结果提出进一步的研究方案。研究生在课题实施过程中遇到困难,导师只作指导性的工作和帮助学生寻求合作,但具体的工作由学生自己去完成。这样我们培养出来的研究生,才有主动地解决问题的意识,对他们自身今后的发展也才有所帮助。实验的真实性是科研的基础,虚假的结果不但会使研究功亏一篑,更会严重影响研究者的学术声誉,因此,确保科研的真实性是导师和研究生共同的责任。而作为"传道者"的导师,则应系统地训练学生的科研能力。

三、加强医学人文知识学习

临床工作中要充分体现"以人为本":①由于医疗工作最终服务的对象是人,因而无论是从事临床医疗工作还是临床科研工作都必须从人性化的角度去考虑,将患者作为"人"的地位予以充分尊重,尊重患者的人格,尊重患者的隐私权和知情权,尊重患者的根本利益,这不仅是当今新的医学模式的要求,同时也是减少医疗纠纷和规范医疗秩序的需要。②在充分尊重患者根本利益的基础上,临床医师还必须对患者具有爱心、责任心和同情心。同时,随着社会的发展，由心理、社会因素导致的疾病越来越多，因而临床医师必须懂得心理学、社会学等相关人文科学知识，才能真正从心理和社会的角度去理解患者、诊治患者。③掌握与患者交流沟通的能力和技巧与医疗技术同等重要。世界医学教育联合会著名的《福冈宣言》指出："所有医生必须学会交流和处理人际关系的技能。"

医学是一门综合性、实践性、服务性及社会性极强的科学，研究生进入临床阶段后，需要按培养方案进行严格的临床科室轮转培训，使其不但具备扎实的医学理论知识、娴熟的临床操作技能，而且还要懂得医疗法律法规、具有医疗风险意识和高尚的医德，成为满足社会需求的高素质医学人才。

总结本人20余年在临床研究生培养方面所做的工作，大体可概括为：一个基本点，二者完美结合，三种能力皆注重，四维健康全面发展。

(一)一个基本点

首先要成为一名合格的医生，这是临床研究生培养的基本点，也就是人们常说的底线。医生是一种非常特殊与神圣的职业，因为从业者的品德和能力会直接关系到患者的健康与生命。所以，临床研究生毕业后，只要是仍然从事医疗这种职业，就必须依法行医，并将正确地诊断与治疗实施于病人，这才是最重要的。

临床医学研究生的教育应该是面向临床医疗工作，立足于培养高素质、高水平的临床医学人才。他们毕业后，至少应该能在各自的专业领域基本独当一面，再通过几年临床实践后，在临床医疗工作和临床科研工作方面应成为国家的高级临床医学人才。

(二)二者完美结合

临床研究生要求在临床与研究两方面都要获得良好培训。也就是说，临床研究生毕业后，既能当好临床医生，又要能搞好科学研究。然而，在研究生学习期间，导师如何指导学生在这两方面都得到良好的训练，确实是一门很难掌控的平衡术。但既然是临床研究生，就一定要将临床培训放在首位。医者医为先，临床工作既是自己的饭碗，更是直系患者的生命。一位在临床方面很平庸的医生，无论其他方面多么突出，也不是好医生。

医学中永远存在两大板块内容：①已知的能给病人带来益处的诊疗技术和知识；②未知的急需探明的东西。人类只要存在，医学就永不完美，永远需要有人进行研究。所以，临床研究生就是要同时兼顾两者，既要搞好临床工作，又要进行科学研究。搞好临床工作就像是编织一幅锦，而科研工作好则是锦上添花。对临床研究生而言，若"锦"没织好，"花"再美也难成好作品。其实，研究生阶段，学生都应以接受基本训练(临床与科研)为主，不要将临床与科研两种训练在时间上完全分段进行，要学会合理利用时间，将两者结合并兼顾，可能会收到事半功倍的效果。

(三)三种能力皆注重

一名优秀的临床医生应具备心灵、手巧、口才好三种能力。

所谓心灵，是指能全面地掌握与自己专业相关的医学知识，并能将其正确地应用于临床实践。医生个人的临床经验是非常宝贵的，因为这是其长期工作的积累，时间是最重要的决定因素。然而，具备"心灵"的医生则可在相对短的时间内积累丰富的临床经验，这种能力培养，导师点拨可能很重要，但更为重要的是个人的悟性。"师傅领进门，修行靠个人"，临床医学属经验科学，不同人积累经验的快慢确有差别，其原因除了踏踏实实地连续在临床磨炼外，还与个人的机会、平台和"心灵"程度有着密切的关系。

其次，临床医生需要不断地训练，使自己的手巧。临床医学是门实践性很强的专业，许多专业离不开手工操作，尤其是外科。随着科技的发展，许多新技术、新机器和新仪器应用于临床，掌握和应用好这些新技术，特别需要手巧的临床医生。当代临床医生还要求有另一种形式的"手巧"，即表现为写作能力强，例如，病历写作就是临床医生的基本功。此外，高质量的科研论文、各种科研课题申请书以及科研成果申报书等都需要有"巧手"来完成。

现代临床医生的语言交际能力同样显得非常重要。《侵权责任法》规定医生的第二项义务是，向患者告知病情。今天，如果一位医生不能与患者进行有效的沟通，常常会遇到许多麻烦。另外，医生间的学术交流，也需要有良好演讲口才，口才不好者，恐难成为知名医生。研究生期间，无论是在课题报告、文献综述和学术演讲时，还是在课题进展汇报时，也无论是在大会上还是在小组会上，导师都应注意学生口才能力的训练。

(四)四维健康全面发展

这里的四维是指德、智、体、心。研究生不仅要德、智、体全面发展，还需要有心理的健康发展，需要有积极的上进心、基本良心和同情心，还必须常有乐观的阳光心态，尽量避免负面的心理情绪。我们要注意培养临床研究生的心理承受能力，医生只要在临床上工作，就随时可能遇到意想不到的事和人，烦心事常有发生，应笑脸面对，设法解决。科学求真、艺术求美、医学求善，医生这个职业好就好在它能把世界上最美好的东西结合起来、体现出来、表达出来。临床医生是一个让人有成就感和幸福感的职业。

李凌江：
鱼与渔——我与恩师杨德森教授

应主编之约，写一点自己当研究生导师的体会。回味再三，当博士研究生导师近 20 年，膝下弟子 50 有余，其为师之道几乎还是遵循恩师杨德森教授的模式，这种模式影响了我们一代弟子，也福及我们的下一代学生。因此，中国精神科学术圈子里对湘雅研究生有一俗称——"杨家将"。如今恩师人已仙逝，然精神依旧，真应了那句老话："他永远活在我们心里。"

总结恩师的治学之道，主要有三点。第一是坚守与创新。即坚持认定的科学思想与观点，不人云亦云，哪怕不同观点来自国际著名权威，但又能高

瞻远瞩，与时俱进，跟踪科学前沿进展，及时修正科学研究方向，预测新的科学问题。第二是实干与论道。杨老师最常对我们说的两句话是："读万卷书行万里路。""草鞋没样边打边像。"他特别强调动手做，边做边改，不要永远停留在坐而论道上。但是，杨老师又特别强调实践经验需要及时总结，上升到理论，从理论又回到指导实践，因此"白天多干活，晚上多读书"是老师的另一句至理名言。第三是授人以渔。这一点我体会最为深刻，限于篇幅，我将这一点作为本文的主题，供读者参考。

中国有句老话，授人以鱼不如授人以渔。当年师从恩师，研究精神应激，除了每周三晚上的读书报告会与研究讨论会，其余时间老师极少管我们这些弟子，其他科的同届生都羡慕我们宽松自由，其实没有别人表面上看到轻松，我们师兄弟都最怕过三关。

第一关是写文献综述，入学半年内必须完成一篇围绕今后研究主题的综述。我记得当时入学后不久，杨老师说你就去研究离婚对精神健康的影响吧，我一头雾水，觉得精神科医师与离婚这个话题风马牛不相及啊，我问老师，这个问题我完全不懂，怎么研究啊，为何研究应激要关注离婚？杨老师说，就是因为不懂才需要你去研究，自己去想吧。师命不可违，只好硬着头皮上。记得当时没有电子文档，读书看文献需要查阅纸质文档，读后手抄卡片，而且国内离婚与精神健康关系的研究文献极少，许多国外文献查阅全文又很难……半年后综述写成，深有感悟，一是明白了要研究一个医学上的问题，比如精神应激与精神疾病的关系，只懂医学或者临床知识是远远不够的，更需要涉猎和掌握更广泛深厚的社会人文心理学等知识；二是进行了大量国内外文献的阅读与思考，留下了数尺高的读书卡片，极大地提高了我快速阅读英文文献的能力，这种能力是一个学者必备的基础。

第二关是开题，入学一年内必须开题，而且在周三的小组例会上要仔细严格地反复讨论，记得我的开题报告讨论了4次才得以通过，从立论到每一个研究步骤，包括怎样建立对照组，怎样入户收集资料等每一个细节都反复质疑、思考、讨论。那段时间每当周三开讨论会，我会从周一开始焦虑，周三会后又开始抑郁，几乎精疲力竭，变成"周三小组会恐惧症"。然而，经过这种集体智慧的洗礼，我后来深深体会到，这种"磨刀不误砍柴工"的过程不但对我完成研究生课题帮助巨大，而且为我此后申请科研项目写好标书打下了至关重要的基础。

第三关是毕业论文初稿集体会诊。做离婚研究是非常辛苦的，我起早摸黑去基层法院，给那些离婚的个体做评估与心理治疗，晚上走乡串户去收集正常对照者数据，苦不堪言。有一次我对杨老师说，我真的坚持不下去了，我换个题目做吧。杨老师说，你师兄刘铁榜，在农村做神经症的流行学调查，白天帮受试者干农活，晚上给受试者做评估，以提高受试者合作性。你知道为何世界上成功者永远只是少数吗？那是因为多数人面对困境都很难坚持那最后五分钟。后来，我的毕业论文终于写成，结果小组讨论会上被杨老师全盘否定，其主要原因是我把一年多辛辛苦苦收集到的所有研究资料都堆积在论文中，舍不得割去任何一条用汗水换来的信息，结果反而没有去伪存真，理出一条思路来阐明论文的主题。"一篇论文解决一个科学问题，我们临床医师做研究，最忌大而浅，而应小而深。"在杨老师和师兄弟们的帮助下，我终于完成了我的毕业论文，并且发表了我平生第一篇 SCI 论文，那是 1990 年。

我记得一个电视剧里有个情节，一个大人问一个聪明伶俐的小孩，你为何这么聪明和成熟？那个小女孩说，因为我爸从来不把我当小孩，我们父女像朋友，我爸说，父母如果把小孩当小孩，那她永远长不大。我想导师和研究生也是这样，把握关键节点，注重学生独立思考与工作能力的培养，才是最有价值的为师之道。

彭佑铭：

师者应率先垂范，医者应仁心仁爱
——培养临床医学研究生的点滴体会和认识

唐代韩愈《师说》有言："古之学者必有师，师者，所以传道授业解惑也。"传道即告诉学生做人的道理，应具有良好的道德品质；授业即向学生传授知识和技能；解惑即教会学生运用所学的知识探索未知世界。只有这样才能培养出优秀的学生。作为老师，在学生面前要为人师表，率先垂范；作为医师，对病人要仁心仁爱，妙手回春。这也是临床医学与其他专业研究生导师的不同之处，既有临床教学，也有行医的实践。以下是我20多年从事肾内科临床医学研究生培养工作的点滴体会和认识。

一、传道，始从敬畏生命

医学院的临床教授既是医师，又是培养医师的老师，老师和医师又同属师者，均是一门神圣的职业，需要一定的文化素养和品德修养。我认为，人的生命是最宝贵的，生命是不可复制的，敬畏生命是医师应具备的最基本的品德要求。这既是培养临床医学研究生的出发点，也是我们培养临床医学研究生的落脚点。

作为导师应言传身教，身体力行。无论在平时的课堂上，还是在进行临床的实践中，都应该经常这样告诫自己的学生。关心体贴病人，时时换位思考，关注病人感受，病人来医院看一次病也是不容易的事情。接诊病人时应面带诚恳的微笑，和言细语地询问病情；体查时应询问病人的冷暖，注意保护病人的隐私。即使对一些目前难以治疗好的疾病，也应该多鼓励病人，给病人以战胜疾病的信心。学会用病人家乡的方言进行交流，这样可以消除病人的紧张情绪，使病人有种亲切感。因为医师面对的不是疾病，而是面对患有疾病的病人，病人是有情感的。

做人要讲诚信，做事要脚踏实地，尤其是面对病人。守时是诚信的重要体现，有时由于医师的不守时，可能导致一场医疗纠纷。病人对医师讲的每一句话都会记在心上，因此我们在接诊每一位病人时，都应该谨言慎行。诚信是病人信任医师的基础，脚踏实地是医师行医的科学态度，严谨的科学态度会让病人有一种安全感。只有病人对医师有了信任，医师才能更好地治疗，而且有时可以收到更好的治疗效果。

湘雅前辈张孝骞所说的行医犹如"如履薄冰，如临深渊"，实际上是对病人的一种尊重，对治疗疾病的一种科学态度，对生命的一种敬畏。

二、授业，强调缜密思维

医师面对的是天底下最宝贵的生命个体，稍有不慎，对病人则可能带来不可挽回的损失，这就要求医师一定要有严谨科学的态度和养成缜密思维的习惯，导师也应在临床工作实践中严格要求自己的研究生。

多年前曾有一位 51 岁的男性患者，在长沙市的一家医院住院多日不能确诊，受医院派遣，我带着研究生前去会诊。当见到患者时我不由得大吃一惊，从没见过这么快就发生的严重的低蛋白血症，患者 3 天之内血清白蛋白急剧下降,由 40 克/升下降到 15 克/升,全身高度浮肿,看上去皮肤变得又薄又亮,像有水在流动。经详细询问病史得知,患者是因感冒后吃了 6 颗过期青霉素类药后出现的上述表现。可是检查显示,患者的尿蛋白是阴性,肝功能是正常的。为什么患者血浆白蛋白在如此短的时间内变得如此之低呢?经反复思考推测,患者可能服用了过期的青霉素类药物,肠道血管出现过敏性炎症,导致蛋白质从肠道丢失,即肠道蛋白丢失综合征。为了找到白蛋白在肠道丢失的证据,我和自己的研究生一道,以自己的大便做对照,检测病人的大便里是否存在白蛋白等,但结果是阴性的。我们推测白蛋白在患者肠道可能被分解了,因而在大便中检测不到。最后通过应用球囊肠镜检测技术,发现患者小肠存在严重肠道血管炎症,从而间接证实血浆中的大量白蛋白可能从患者肠道丢失。经过 3 个多月的治疗后,患者的病情终于得到有效控制并治愈。我经常反复告诫自己的学生,医生在诊断过程中,必须缜密思维,不断思考,探究病因,才能更好地避免误诊漏诊。同时应对临床思路进行总结,即通过详细询问病史和细致的体格检查发现病人的临床表现;结合当前已知的医学基础知识,对病人的临床表现进行解释并完善实验室检查;根据病人所处的环境及遗传背景,努力寻找发病的原因。

在从事临床医学研究生培养过程中,实际上也是对自己临床思维的一个梳理过程。从临床表现到发病机制,再到病因的寻找,构成一个完整的临床思维链。要夯实这个临床思维链,就必须不断地学习新知识,不断地思考。这就是对研究生授业的精髓。

三、解惑,研究临床问题

我每周至少要和研究生们一起讨论一次问题,并告诉他们,要想更好地诊断和治疗病人,就必须善于发现临床问题、研究临床问题、解决临床问题。做学问,就要解决临床发现的问题,发现临床问题,研究问题规律,指导临床工作,提高研究生们解决临床问题的实际能力,这是临床医学不断创新的动力。

我们在临床中发现,一部分肾病患者的发病与染头发有关,而且染发颜色越接近浅黄色肾脏损害越重。为解决这个临床问题,我和研究生一起研究了氧化型染发剂对肾脏损害的发病机制。氧化型染发剂主要由中间体、耦合剂、双氧水和香精等组成。染发剂的颜色与其组成成分及各成分含量有关。其中主要与中间体,(如对苯二胺(PPD)和对氨基苯酚(PAP))的配比和含量相关，后者是常用解热镇痛药的主要成分。两者均对肾小管上皮细胞有明显的损害作用，通过这样的研究丰富了我们对年轻人肾间质性肾炎的认识。

我们在血液透析实际临床工作中发现，对消化道出血的肾功能衰竭需要进行血液透析的病人采用无抗凝剂血液透析治疗，也有加重或再并发出血的可能，这个时候病人或病人家属会提出为什么？因为未找到相关文献解释，我们的医务人员无言相对，非常茫然，甚至导致了不必要的医疗纠纷。我和研究生针对此临床现象进行研究，发现肝素抗凝时可使血管内皮细胞分泌组织因子途径抑制物（TFPI）增加，而采用无抗凝剂进行血液透析时，TFPI 也呈上升趋势。这可解释即使采用无抗凝剂进行血液透析，也有可能加重或出现出血并发症。此后，遇到此类病人，我们会提前告知病人或家属用药后可能出现的情况，并请予以理解。我于 2011 年在血液透析领域获得国家科技进步二等奖。

IgA 肾病是全球最常见的原发性肾小球疾病，占透析病人的 30%～40%，严重威胁人类的健康。为降低尿毒症病人的发病率，近十几年来，我和研究生一道潜心研究 IgA 肾病。发现 IgA 肾病与黏膜免疫关系密切，提出了 IgA 肾病"扳机式肾脏损伤"的理论、腭扁桃体表型与 IgA 肾病的关系以及 IgA 肾病病人肾脏病理变化多样性问题的解释思路。这项研究获得国家自然科学基金面上项目 2 项，IgA 肾病与黏膜免疫方面的研究在同行中有较大影响，并于 2016 年获得国家科技进步一等奖。

我和研究生们一道，始终坚持以"做解决临床问题的科研"为理念，围绕肾内科临床问题先后提出了 10 余种创新性的解决办法，促进了肾病临床诊治水平的提高。

四、育人，常怀关爱之心

从事临床医学研究生培养工作已有 20 多年，我认为，为国家培养高素质的临床医师是我们研究生导师的神圣职责，是时代赋予我们的光荣使命。导师与研究生应该是相互平等和相互尊重的关系，除传道、授业、解惑本专业的医学技能和知识外，还应该给予研究生更多的关爱和传递正能量。

多年来，我一直坚持每周与在读研究生集体见面一小时以上，并形成制度化。除督促课题的进展和了解存在的困难外，也借此了解学生的思想动态。有一次，发现一位研究生没来参加会议，也没有请假，而且距离毕业答辩时间已经很近了，我主动找该生谈话，了解到该生个人问题出现状况后，我们对他做思想工作，并发动其他同级研究生对该生进行帮助，最终这位学生渡过难关，如期进行了毕业答辩，按时毕业，并找到较为理想的工作。

每个研究生的能力、性格、爱好和所处的环境等均有差异，因此对不同的研究生要做到因人施教，因地施教，这也是关爱学生的一种具体表现。如没有特殊情况，均应按照学校的要求如期毕业。

尽管在研究生培养方面做了自己应该做的工作，但离党和人民的要求还相差很远。我热爱医师这个职业，也非常喜欢和研究生一起讨论学术上的问题，不断充实和提高自己临床医学的学术水平，从中找到自己的乐趣。我对临床医学研究生培养工作的点滴体会和认识仍非常肤浅，不妥之处，敬请批评指正。

郝 伟：
精神病学科成瘾医学方向研究生培养
——我的经验与体会

湘雅的精神医学学科是我国历史最悠久的精神病学科之一，由我国第一代精神病学家凌敏猷教授和神经病学家黄友歧教授于 1934 年创建的。1951 年，学科成为卫生部精神神经病学高级师资培训基地，1956 年开始招收精神病学研究生，1986 年建立博士点，1994 年成为 WHO 社会心理因素、成瘾行为与健康合作中心（WHO Collaborating Center for Psychosocial Factor, Drug Abuse and Health），2000 年建立博士后流动站，2001 年被批准为全国高等学校重点学科，2012 年成为国家临床重点专科、湖南省重点实验室和国家精神

卫生区域中心，2013年建立精神疾病诊治技术国家地方联合工程实验室，2014年10月成为国家精神心理疾病临床医学研究中心。近四年在中国医院最佳学科声誉和学科科技影响力上均连续排名全国前三位。

学科现有国内一流各具特色的研究方向，分别是成瘾行为、精神应激、生物精神病学和儿童精神病与精神卫生学方向。本人有幸成为湘雅精神医学第二代领导人之一的杨德森教授的硕士、博士研究生，毕业后一直从事成瘾医学相关临床、研究、教学工作。完成了从学生到老师、从年轻精神科医师到"老教授"的转变。

目前，湘雅二医院精神病学与精神卫生学成瘾医学方向有博士生导师3名、硕士生导师3名，在读研究生10余名，已毕业的博士、硕士研究生60余名，在国内首屈一指，占我国这方面的人才的半壁江山。据不完全统计，毕业生中多数已崭露头角，其中，有3名成为博士导师、20名成为硕士导师，近10位担任市级以上精神卫生机构院长或副院长，成绩斐然。

时值湘雅二医诞辰60周年、研究生培养40周年之际，非常荣幸接受湘雅二院研究生部吴尚洁主任的邀请，参加《临床医学研究生培养：传承与创新》的编写，我将从精神科成瘾医学研究生培养的角度，谈一点粗浅的体会。

一、培养的理念、方式及导师与研究生关系

我的管理理念基于人本主义，个人认为以胡萝卜加大棒的行为主义管理模式只能用于训练动物和管理某些人群，不应该用于即将成为专业工作者(professionals)的博士、硕士研究生(以下统称研究生)。我觉得管理的重要问题不是"管"，而是"理"。我相信人之初性本善，每一个人都潜力无限，制定好战略、规矩后最重要的是创造良好的环境发挥研究生的潜能，让每一位年轻人都有机会发挥自己的专长。所以，在良好的环境下，所有的研究生都能够积极向上、相互学习、共同成长，这是最好的结果。

我曾经想过要向某些老师学习，制造充分竞争的环境，不断给学生施压，让他们多干活、多出"成果"。但我经过多方思考，放弃学习这种方式。原因很简单，学不会。随访这些老师团队，还是发现有不少问题，以利益为中心、急功近利，短期可能取得所谓的成果，但长远未必有效，不少学生毕业均选择逃离。

导师与学生的关系多种多样，不一而足。我不认为师生关系是诸如老板与下属、父母与孩子的关系，更不是"卤水点豆腐一物降一物"的关系。导师

与学生形成了利益关系也不利于正常的师生关系发展。

有人把导师分为五种类型：事事亲为型、完全放任型、流水线生产型、剥削型、个性化培养型。当然个性化培养模式是最优选择，但我觉得导师的角色不外乎是传道、授业、解惑，在尊重、理解、表里如一的基础上，为不同学生提供不同的条件，因材施教，释放学生的潜能。在实际工作中，如果时间和精力不允许，我宁愿让他们自己决定重要的事情，我很乐意被学生称为"师傅"（大部分学生给我发email，写成"师父"，我觉得有点过了）。"师傅"的称呼似乎比"导师""师父"更为亲近，关系也更为融洽一些，也符合实际情况。

二、精神科临床培养

我希望每一个研究生都能成为合格的精神科医师，我认为一个合格的精神科临床医生，应该符合以下条件：

（1）坚持以患者为中心的理念，保持良好的专业精神。

（2）良好的临床胜任力。

（3）更新自身知识，与时俱进，乐于使用新的研究证据指导其执业活动。

（4）无条件尊重患者，与患者、看护、家属建立并维持良好的医患关系，但不应与患者或既往患者发生医疗以外的关系。

（5）合乎伦理、规范的医疗决策。

（6）团结协作，能为团队营造良好气氛，与同事有良好的沟通、交流，尊重每一个人的意见，欣赏同事的能力与成绩，尊重彼此间的界限。

（7）良好的内省力，设法体察患者的内心世界，也应该尽力体察自己的内心。

（8）诚实可靠，作风廉正。

我坚持认为，临床胜任力不仅包括基本的知识与技能，更应包括以患者为中心的职业精神，如良好的沟通与倾听能力以及与临床相关的动机、态度、价值观、成就导向等。知识与技能可以通过讲授来获得，可以通过简单的考试来评估，而职业精神的培养与建立非一日之功，简单政治学习无效，各种规章制度也显得苍白，导师、上级医师在日常工作中对患者的态度起到潜移默化的作用。

精神医学与成瘾医学的知识技能不仅仅包括精神病学教科书的内容，还应该包括诸如以下几个方面：

(1)良好的基本知识、技能、经验,如全面病史采集、精神状态检查、全面临床风险评估、沟通与倾听技能等。

(2)熟练使用各种评定与评估工具以辅助诊断。

(3)良好的精神科临床思维训练。

(4)通晓以下领域的相关知识:①相关的社会心理、人类发展和知识,掌握各主要心理治疗流派的基本原则,并只在自身能胜任的范围内进行心理干预;②神经科学知识;③生物性和器质性因素;④酒精和物质滥用;⑤临床科研能力。

三、成瘾医学科研能力培养

我理解的科研能力是指发现科学问题、分析问题、回答与解决问题的能力。至少可以分解为以下几种能力:

(1)快速获得相关信息能力。理论上,网络使得我们能获得世界任何信息,如何事半功倍地获得全面、正确的信息是最大的挑战,多种语言能力在此起决定性作用。

(2)信息整合能力。如何系统整理、取舍纷繁复杂的相关信息也颇具挑战性,在整合信息的过程中发现科研问题与解决问题思路,良好的抽象、概括、总结能力起关键作用。

(3)批判性学习。在上述的基础上进行批判性学习,既不能以偏概全、人云亦云,也不能全盘无条件接受。在全面掌握相关知识基础上对相关问题进行逻辑性缜密的思考非常重要。

(4)创新能力。从某种程度上,创新实际上是对既往存在的东西进行否定的过程。因此,创新不可能仅仅是"灵光一现",而是要通晓、理解相关知识,以及相关最新进展、存在的问题等,在上述学习的基础上产生解决问题与回答问题的思路与行为。

(5)基本的临床科学思维、科研思路与方法。

(6)良好的动手能力,特别是对实验室工作的研究生而言。

就选题而言,一般要求研究生根据个人兴趣与条件选择临床课题或是实验室课题,但原则是必须与成瘾医学相关。课题组鼓励深化某一个内容研究,特别是根据上几届研究生的课题发现的问题以及未解决的问题进行连续研究。同时还要求研究生一定参与导师主持的项目。可以这样说,成瘾医学研究方向研究生是完成国内外重大、大项目、课题的主要力量。

定期组会是促进研究生相互学习、科学思维、良好表达的重要平台。组会整合了各位导师、课题组的力量，也是老师了解学生工作进展情况并向学生学习的重要机会。我们要求研究生进行科研工作之前必须完成文献综述、开题报告，在进行答辩之前，应该进行多次的预答辩。

研究生工作管理与实验室管理非常重要，自从张晓洁博士从加拿大回归，研究生科研与相关实验室管理迈上了新台阶，在她的协调下，优化了实验室条件，程序化的管理增加了科研的效率。

四、精神科教学能力培养

教学能力是沟通、表达能力的一部分，教学相长是永远的道理，我总想方设法让学生有机会登台表演。教学实际上是把自己脑子里的东西转到学生脑子里的过程，这种转化的基本过程主要为：①组织材料，题目确定好后，所组织的材料要符合讲授对象的兴趣；②表达，如何传递受众所希望获得的知识与信息，材料不仅要表达生动、简繁得当，如幻灯片图文并茂，更重要的是各个知识点逻辑联系，构成一个完整的故事链；③互动，这是最难，也是常常被省略的过程，但良好的互动是保证效果的重要因素；④总结，集合最关键的信息，希望受众能够记住。

我认为有些老师上课效果不好，除了准备不足外，重点是没有经过上述过程的系统训练与督导。我认为督导式的教学会起到事半功倍的效果，让研究生根据听众情况准备相应的材料，做成赏心悦目但不花里胡哨的幻灯片；准备可能的问题以备回答之用；训练严格遵守时间；报告中应与听众多互动；在报告后，进行及时点评。这些训练都有助于研究生教学能力的增长。

五、结语

学生常常以老师为荣，但老师更是以学生为傲。老师应做学生的坚强后盾，既不越俎代庖，又不放任自流。最终结果希望是青出于蓝而一定胜于蓝，形成学生向老师的转化，完成一个循环的交替。目前，我一直思考如何处理以下几个重要问题：

（1）如何平衡临床问题和唯发表SCI论文的关系。

（2）寻找基础研究与临床研究的结合点，乘上国家脑计划、慢病计划的东风，平衡自己的科研兴趣与搭上国家顺风车的关系。

(3)积极与基础研究同道合作,寻找新的科研方向,平衡临床研究与基础研究的关系。

(4)积极参与国家公共卫生项目、培训,积极参与国家政策制定、评估等。

(5)加强在国内外精神医学、成瘾医学领域的引领作用与话语权。

(6)积极参与国际组织、学会与协会工作以增加课题组的视野与联系,建立合作网络,深化国内外同道的合作。

(7)积极发挥传帮带作用,全方位支持年轻导师走向更大的舞台,最终能让自己成为台下的观众。

苗雄鹰：
栉风沐雨育桃李，薪火相传谱华章

  岁月如白驹过隙，时光似流水匆匆。又是一年春来到，我院研究生教育已历经四十个春秋，而我作为一个园丁，在研究生教育的花园里辛勤耕耘了二十年。二十载春风化雨，春华秋实，已然是桃李满天下。阳春三月，徜徉在春天的大地上，路旁桃花朵朵红，李花点点白，让人心旷神怡，回望二十载耕耘却又思绪万千。

一、尊师重道，立德立言

1986年8月，在从事临床工作三年多，积累了一定的临床经验后，我考取了母校——湖南医科大学外科学研究生，来到了附二院普外科，开始了我的研究生学习生涯。最初我的导师是余仲符教授，他是一位治学严谨、工作认真、对学生要求严格的老师。但我拜师到他门下不久，他就调到了广州中山医科大学任教。当时他希望我一起去新的学校完成学业。经过深思熟虑，我还是留在了自己的母校继续深造，并转投在庄赞根教授门下，成了庄老师的开山弟子。庄老师临床经验极为丰富，为人十分厚道，对学生更是关怀备至。每当我在学业中遇到困惑，他总是耐心指导；当我在临床工作中遇到困难，他总会用他丰富的临床经验教我如何化解；当我在工作、生活及人际关系上出现困局时，他总是出手相助，用他的耐心、睿智以及人脉给我解危脱困。在他身上，我学会了隐忍、包容和坚强。这两位导师都是我人生旅程中的恩师，他们严谨的学风、高超的医术、博大的胸怀一直都指引着我前行的道路。斯人已去，风范永存！我能够顺利完成学业，做到修身、敬业、立德、立言，并成为一名医师、一位导师甚至学科带头人，这与恩师的言传身教、关心呵护密不可分！他也让我真正感悟到：一个好的导师对一个学生的成长是多么重要！正如长留我心中那首歌的倾诉：长大后我就成了你，才知道那间教室放飞的是希望，守巢的总是你；才知道那块黑板，写下的是真理，擦去的是功利；才知道那支粉笔，画出的是彩虹，洒下的是泪滴；才知道那个讲台，举起的是别人，奉献的是自己。

二、言传身教，教书育人

二十年的研究生导师生涯，我先后培养了一批又一批硕士生和博士生。学生队伍不断壮大，目前已经有学生50多人。这些学生遍布全国各地，有许多人已经成为教授、科主任、院领导，在各自的岗位上发挥着重要作用。如果有人要问，如何才能把如此多秉性各异、天赋不一的学生培养成有用的人才？我的经验就是：先教学生做人，再教学生做学问。要让学生成为一个品学兼优的人，老师自己就要先成为那样的人。所谓十年树木，百年树人，就是这个道理。教学生做人必须言传身教，要让学生成为一个有道德、有理想、有爱心的人，成为一个正直厚道、医德优秀、医术精湛的医生，只有这样的学生，才会扎扎实实做学问。要因势利导，针对学生中存在的各种问题进行有针对性的辅导。如有的学生只重视临床实践而忽视科研工作，认为只要努力搞好临床，学会看病开刀的本领，就能成为一名合格医生，找到一个好的工作。尤其是硕士研究生近年来进入了住院医生培养模式，对临床的投入加大，对科研的要求降低，更使得许多学生重临床轻科研。针对这种倾向，作为导师就必须责无旁贷地指导学生端正思想，必须临床与科研紧密结合，做到"两手都要硬，两条腿走路"，在完成临床工作的基础上，指导学生留出一定时间来做科研，包括查阅文献、选择课题、参加实验、完成论文写作及答辩等系列科研工作，并指导科研论文修改及投稿发表。同样，对一些学生尤其是博士生中存在的重科研轻临床的思想也要及时教育纠正。针对博士生论文要求高、实验时间长、工作任务重，而且还要出国联合培养，临床工作的时间短且难以深入等问题，应引导学生高度重视临床实践，尽可能安排担任跟班总住院，实行 24 小时病房负责制；并利用例行查房、日常手术、疑难病例大讨论、死亡病例讨论、出院病历讨论等场合，给学生们传授临床知识和技能，要求学生多接触病人，多上台手术，给予一定的操作机会；鼓励学生参与医疗新技术的应用，参与医疗成果申报，培养学生们的临床兴趣和动手能力，做到科研与临床两不误，使培养的学生真正具备临床工作能力和科研思维头脑。二十年来，指导学生们在各类刊物上发表论文 200 多篇，其中 SCI 论文 50 余篇，获得国家自然科学基金项目、省自然科学基金项目等各类科研课题 10 余项，省级、校级成果奖 8 项，这些成就的取得，离不开科研与临床的有机结合，靠的就是师生同心的团队精神。

三、敢为人先，甘当人梯

研究生的培养离不开导师的指导，导师需要有宽广的胸怀和广阔的眼界，只有如此，才能开拓视野、引领潮流、积聚人才。作为学科带头人，只带好自己的学生显然不够，只有把众多的导师和学生都调动起来，发挥其才智与积极性，才能把学科建设和研究生教育引领到新的高度。2012 年，在查阅了大量文献、征求了众多意见，并在"走出去、引进来"广泛调研的基础上，我科率先在国内成立了临床光动力研究室，将原来仅用于体表肿块治疗的光动力技术引入到了腹部肿瘤的治疗，并组织科里众多研究生导师参与其中。我们克服了设备、场地、经费、人员、技术等诸多难题，成功开展了经胆道镜光动力治疗胆管肿瘤，经肠镜光动力治疗结、直肠癌，经胃镜光动力治疗食道癌等工作。这些都取得了圆满成功，并在 SCI 期刊发表多篇论文，两次派学生参加国际学术会议并在会上做学术报告，在国内外产生较大的影响。同时在该领域的工作也获得了国家自然科学基金项目 3 项和省级课题 5 项，获得医院医疗新技术一等奖和中南大学医疗新技术二等奖。在这个过程中，8 位研究生导师和 20 多位研究生参与其中，既提高了他们的学术水平，又培养了团队的科研能力。同时我们还大力拔擢新人，鼓励年轻人大胆创新，使文宇副教授、熊力副教授脱颖而出，在临床与科研工作中取得了不俗成绩，他们也分别成为肝胆研究室副主任和升华学者，为他们将来的发展奠定了良好基础。

对研究生的培养不仅仅是指导学生完成学业，还要关注学生的思想动态，关心学生的生活和就业，更要在学生毕业后的工作与成长的过程中继续跟进。不过要注意转换角色，以同道的身份与学生共同学习和进步。我一直与参加工作后的学生们保持着密切联系，也经常利用外出讲学、会诊、手术的机会与大家交流学习，同时也利用我院的学术地位和优势把众多学生团结起来共同发展。我科有五个省级学会挂靠并担任主委，每年都有十余场学术会议举办，我们将许多毕业后在各级医院取得不俗成绩的学生吸收进我科的各个学会，担任委员或青年委员，在学术上对大家予以扶持帮助，使大家在不同的地区、不同的医院发挥同等重要的作用，既增强了各级医院的学术水平，也扩大了我科在国内外的学术影响。四十年的辛勤耕耘，普外科在研究生教育中硕果累累，涌现了许多优秀的博导和硕导，也培养了大批有用的人才，在各自的岗位上砥砺前行，建功立业。

时光荏苒，岁月如梭。我院的研究生教育已历经了四十个春秋，我也由一个研究生成了研究生导师。二十年的研究生教育生涯，由学生变成硕士生导师再成为博士生导师，既有我自己的辛勤努力，也记载着医院的精心培养，更是铭刻着前辈们的教诲关爱！此时此刻，翻看着记录着我人生轨迹的相册，每张相片都记录着青春，记录着成长，记录着幸福和快乐，也记录着惆怅和不舍。尤其是当年我作为研究生答辩时的合影，尽管相片有些泛黄，但里面的人犹在眼前，依然洋溢着青春的光彩。照片里的人与事仿佛就在昨天，依稀飘荡着岁月的离歌。而我作为研究生导师与通过毕业论文答辩的研究生的合影，则是时空转换，师生换位，我的青春已然在时光的魔镜中渐渐远去，眼中饱含着深情，脸上写满了岁月！这就是人生故事，这就是薪火相传吧！

姚树桥：
心理学专业研究生培养之我见

1997年，湘雅医学院经教育部批准成为心理学专业硕士点。2003年被教育部批准为应用心理学专业博士学位授权点，成为我国医学院校中首个获教育部批准的心理学专业博士学位授权点。至今我院心理学科已培养应用心理学和临床心理学专业博士研究生70余名，硕士研究生200余名，目前在读博士研究生16名，硕士生26名，其中国际博士研究生和硕士生各1名。我现任中南大学医学心理学研究所所长，医学心理中心主任，自1994年开始带硕士研究生，2001年开始带博士研究生。目前已培养毕业博士生37人，硕士生59人。

依据20多年培养研究生的经验，我认为一名优秀的研究生应该具备以

下三点基本素质。

一是对未知事物要有浓厚的兴趣，并愿意去探索。所谓科研，其基本任务就是探索、认识未知。可以说，对于未知世界，人人都是好奇的，而且在好奇心的驱使下，每个人都有探究未知事物的欲望，受教育的过程恰恰是将这种"猎奇"的冲动具体化。有的人喜欢数理化，有的人喜欢文史哲，有的人喜欢在物质世界徘徊，有的人喜欢在精神领域徜徉，不同的人有不同的兴趣，自然有人喜欢做科研。做科研，枯燥和有趣是很主观的概念，表面上看来每天都待在实验室很枯燥，但是因为每天都在面对新的未知，不知道每天会发现什么，感觉随时在变化、在进步，这就是做科研的乐趣。实质上，其内在驱动力就是探索未知的极浓厚的兴趣。如果能顺应这种兴趣，就能在科研上倾注极大的热情，这样才有希望把兴趣最终转化为成就。如果对未知的事情没有兴趣，将做不成科研。

二是需要持之以恒，坐得住，沉下心，有专注力。做任何事情贵在持之以恒，尽心尽力。做科研更不是一朝一夕的事情，科学研究是对未知世界的探索，有其固有的艰巨性。对一个新问题的考察不是一蹴而就的，必然要经历一个由浅入深、由表及里的过程，很多在初期观察中隐伏的问题，只有经过多方面去探索、去实验，才能有所发现。

三是要有团队精神，因为没有任何一个人是全能的。一个团结的科研团队，其科研气氛必然是比较活跃的，在这样的团队中，每个人的思想都比较活跃，新的观点、新的想法会不断出现，在这样的氛围中，好几个研究生一起做一致方向的问题研究，集合多人的长处解决一个问题，发挥团队优势，就会更有可能产生创新性的研究，并较好地得到实施。说到这里，有一位令我印象深刻的学生是2008级博士朱雪玲。朱雪玲同学本科毕业于西北工业大学计算机科学与技术专业，硕士毕业于国防科技大学计算机软件和理论专业。她工科出身，对医学心理学十分有兴趣，博士就报考了我院应用心理学专业。在读博过程中，我发现她逻辑思维严密、学风严谨、态度踏实认真，在做学位论文课题时就将医学心理学与计算机科学结合起来，做出了创新成果，科研价值极高，因此其博士毕业论文获评全国优秀博士学位论文。我认为，从她的身上就可以看出，一名优秀的研究生，首先要对自己所选择的方向有浓厚兴趣，在团队合作的基础上，以及导师的指导下，持之以恒地进行研究，这样才能有所收获。

我认为湘雅医学与心理学专业研究生教育传承下来的核心经验有以下三点。

一是不断进取。湘雅二医院医学心理学研究所是建立在几代前辈坚实的科研、教学及临床工作基础之上的。最初是龚耀先教授对巴甫洛夫的条件反射理论和神经活动学说进行了深入探讨，并建立了高级神经活动实验室，系统地研究了正常人和各类精神障碍患者的高级神经活动类型特征，还创新性研制了"第四例外"测验，用于各种精神障碍患者认知功能的测查。在1979年，龚耀先教授系统地引进了国际上著名大型临床心理测验，从而开拓了引进和修订国外著名心理测验的研究领域，极大地满足了当时我国医疗及其他领域的急需，在国内外产生了一定的影响。先后经过龚耀先教授、戴晓阳教授和我这三代学术领头人带领全体医务人员在教学、科研及临床方面的不断进取，才有了目前我院心理学科的成就。

二是耐得住寂寞。科研过程是枯燥和乏味的，相信经历过的都有所体会，当你忙着实验的时候，外面的喧嚣和嘈杂都似乎与你无关了，你要做的就是整天和一堆仪器和细胞打交道，这也要求我们能够耐得住寂寞，能专心做一件事。作为导师，应该亲自指导并带领科研团队参与到研究中去，实事求是、一丝不苟，既要保持科学研究的真实性，又要狠抓研究质量和进度。定期召开小组会议，要求学生分享最新学习成果或提交研究进展和下一步的研究计划。

三是有自信。科研也需要自信，科研的自信体现在甘坐冷板凳，相信自己科研的方向和实验的思路。医学探索的过程中，失败与成功往往不成比例，只有相信自己有能力，相信自己能做出成果，这样你才会百折不挠地去面对医学探索中的失利和弯路。做科研，学生有自信，导师也要有自信，坚信自己可以做得出东西，站在前辈的肩膀上做事情，应当可以做到更好，不怕做不到，就怕想不到，关键是想不想去做。湘雅二医院的心理学研究生更要有自信为未来心理学和心理医学的发展做出贡献。

"湘雅精神"指导下的湘雅医学教育有100多年的发展史，一直勇往直前的同时，也需要时不时看看脚下的路，这可以让我们走得更远、更好。由此，我提出五点意见。

一是目前湘雅医学专业学位教育水平较高，但是医学发展需要创新，湘雅人的医学创新与北京协和等医学院相比还是有较大差距。因此，医学院一定要注重医学创新人才培养，培养的人才既应该具备扎实的医学结构知识、技能，又要有获取知识、勇于探索、不断创新的思维与能力。

二是加大基础医学学科投入。基础医学是临床医学的基础，基础医学发展不好，临床也就没有科研驱动力和内在上升空间。国外的医院普遍非常注重基础医学，很多突破性重大成果都出自基础医学。但是与此相对的，近些年湘雅医学院在基础医学教育等方面的投入资金十分短缺，与中山大学、上海交通大学等医学院校的稳定投入相比更是不足。而医学科研的发展，从设备到研究人员都必须有充足的经费支撑，长期投入不足，湘雅医学院的科研与其他一流医学院的差距恐怕会越来越大。

三是建立高端研究平台，吸引高层次优秀人才，尤其是擅长基础研究的人才。能否吸引更多高层次人才，也是影响湘雅医学院发展的重要因素之一。目前，湖南省引进青年高端人才回国的政策，大部分还集中于安居乐业方面，比如安家费、住房补贴等，而绝大部分青年海归回国是为了更好地再发展，既需要有拎包入住式的高端科研平台能使其快速开展工作，还要有优质的博士生、博士后组成的科研团队。

四是关注临床科研。同美国社区医院类似，中国医院以临床医护为主，但是美国高水平医院尤其是高水平教学医院人员构成中有1/3医生专门从事临床，1/3专门从事科研，这样术业有专攻，分工明确，既为病人提供服务好、水平高的临床诊治，又能与临床合作进行精深医学科学研究。国内北京协和医院也有类似的设置，我认为这是值得我们学习的。

五是研究方向持久性。我认为一个科研团队想要出有影响力、高水平的研究成果，必须坚持一个研究方向。我的团队就一直专注于抑郁症的临床与基础科研，并取得了国内外较大影响的创新成果。同样还有我院周智广教授团队专注于糖尿病与免疫方面的科研，陆前进教授在系统性红斑狼疮疾病的诊治上有突出成就，他们都是专注一个研究方向并一直坚持走下去。我院这些国内外著名的科研团队都有一个共同点，团队几十年在一致的某个研究方向上，由点及面，由浅入深，开展长期深入的研究，这样才能有突破，出有影响力的成果。

在"双一流"学校与学科建设形势下，湘雅新一辈人不断奋进，为世界一流水平医院这个目标在积极进取，就必须科研、教学与临床齐头并进，踏实办学，只有一流的团队才能共创一流的学科，一流的学科共建一流的大学，唯有团结进取，才能共同实现心中目标。

蒋宇钢：
神经外科研究生 40 年

2018 年恰逢湘雅二医院成立 60 周年，也是湘雅二医院开展研究生招生教育 40 周年。研究生作为国家和社会科研与技术工作的高级后备技术人才，其培养无疑非常重要，甚至可上升到国家的战略高度。这里面包括培养训练他们知识的系统性和深入性、思维的创新性和前沿把握的效率和程度、实际临床操作能力、总结归纳现有数据和知识的能力等。在本文中我将谈谈自己培养神经外科研究生的一些心得、经验与思考。

中南大学湘雅二医院神经外科 1991 年才独立建科，1993 年获批准为硕

士点，2007年我本人获批成为博士研究生导师。截至2018年8月我已培养毕业及在读博士研究生（全日制、八年制）40余名，硕士研究生（全日制、七年制、课程班）百余名，其中含非洲籍留学硕士研究生2人。近5年来，我将数名博士研究生推荐至国外知名大学进行联合培养，为他们将来走上国际化学术舞台奠定了夯实的基础。

2014年，原国家卫生计生委员会发布了《住院医师规范化培训管理办法（试行）》等文件，系统性地提出了全国住院医师规范化培训内容及标准框架。"双轨合一"培养模式将成为我国专业学位研究生培养的主要模式，该模式更加注重临床实践能力训练。目前，"双轨合一"培养模式在我国尚处于初期阶段，任重而道远，这需要多方的共同努力，使其不断成熟完善，从而培养出更加优秀、全面的医学人才。在搭建整体培养结构的同时，结合住院医师规范化培训和医师资格考试等有关政策要求，合格毕业生可获得"五证"（毕业证、学位证、执业医师资格证、执业医师执业证、住院医师规范化培训合格证）。然而，专业学位神经外科研究生不仅是我国神经外科临床医生的候补力量，更是未来神经外科科学研究领域不可缺少的一分子。对于神经外科专业学位研究生而言，基本的科研思维、较强的学习能力以及获取最新医学信息的能力，同样不可或缺。如何在更短的时间内具备以上各项能力，不仅是神经外科专业学位研究生所面临的问题，更是对导师提出的巨大挑战。在做到加强培养研究生自学能力、培养科研思维及临床思维能力的同时，导师还需要不断地探索与目前"双轨合一"模式相适应的教学模式。神经外科学是三级学科，专业型研究生毕业后绝大多数将成为一名神经外科专科医生。而专业型研究生的来源最多的是没有神经外科专科临床工作经验的本科应届毕业生，因此研究生培养阶段承担着从学生到专科医师转变的重要任务，其培养模式值得深入探讨。在培养模式改革的大背景下，导师如何充分合理地发挥资源优势，指导研究生的临床与科研工作，培养出既具有良好的学术资质又具有较强临床实践能力的医学人才，这是一个亟须深思的话题。在我十多年的教学实践出发，我认为需从以下关键点着眼。

（一）明确临床培养计划，增强临床能力

目前的神经外科专业型研究生培养按照国家住院医师/专科医师规范化培训规定执行，采取在外科范围内各三级学科（专业）科室及其他相关科室轮转的形式进行培训。研究生本人及导师都需要按照培养计划严格执行，做到互相监督，有的放矢。

对于神经外科专业型研究生来说，要掌握各种医学影像技术的基本原理、优缺点、适应症和禁忌症，以及在具体疾病诊断中的价值和限度。要学会用专业的眼光去读片，即用临床知识去读片，用病理知识去找病灶，同时要注意不同影像资料的互相参照、印证，观察动态检查中病灶的变化，其目的就是在手术前提高诊断的准确性，从而根据病变的性质、生物学行为决定手术的方法及整体治疗方案，让患者在诊疗中获得利益最大化。

神经外科手术是极其精细的手术，丝毫的手术偏差都可能造成病人的神经功能受损。针对专业型研究生的培养是个难点，如何能既有动手的机会，又不会给病人造成额外的伤害？显微神经外科技能培训是神经外科医学教育中一个非常重要的组成部分，我通过动物实验的方式，让专业型研究生以及青年神经外科医师练习神经外科的显微手术技术。通过小鼠 0.5~1 mm 的微血管缝合练习手术操作，只有在动物身上熟练掌握了手术技术，才能在病人身上进行基本的手术操作。这种实事求是的态度造就了专业型研究生扎实的基本功和操作技能，避免了毕业后出现眼高手低的情况。

临床医学的根基永远在病人床边，培养一名专业型研究生需要足够的临床实践和临床病例作为保障，在研究生扎实掌握医学基本理论和技能的基础上，培养正确的临床思维习惯，是神经外科人才教育和训练的根本。仔细询问病史、查体，结合搜集到的资料和基本检查结果明确诊断，再依据诊断查阅文献，了解该疾病的典型临床表现和治疗方案。经手的每个病例都不断重复这个过程，天长日久，不仅积累了丰富的知识，同时也养成了良好的临床思维习惯。

神经外科手术难度系数大，随着技术的发展，大量手术需要显微镜下操作，神经外科研究生特别容易沦为打杂的角色。为了规范培养过程，研究生必须发挥主观能动性，在围手术期主动参与临床工作，包括术前病人资料的详细采集，带教老师对手术方案的探讨，术者与家属之间的病情沟通，术前谈话，手术过程、术后患者的病情监测，直至患者平稳度过围手术期。这个时期的工作是专业型研究生在毕业后如何成为一名临床医师、顺利工作的重要步骤，包括临床信息总结分析、手术方案的利弊甚至细致到手术入路的选择，以解除病灶并对患者神经损伤最小为目标。神经外科研究生应该学会把每一例手术患者的资料、诊断、手术方案、术后情况详实地总结下来，记录思考时未能明确的问题，以及后期的进一步解答。只有这样，才能实现知识的转化，真正将知识变为己有。

临床思维能力是医学生从事医疗活动的先决条件，是研究生培养阶段的核心素质。临床实践中，医生所做的每一个抉择，都直接关乎患者的性命，临床思维不仅需要导师在平常的临床工作中对研究生言传身教，让每位研究生去思考、体会、实践，还要让他们自我学习与总结、探究、反思、反复求证，并最终拥有一定的临床思维能力，为他们今后的临床工作奠定基础。导师在研究生临床思维能力的培养中起到了举足轻重的作用，应充分发挥自己的优势，在指导研究生的有限的时间及实践中，构建其临床思维能力，帮助其去伪存真，不断培养、完善这种能力。此外，临床思维能力的培养，不是一朝一夕也不是言语或书本上能够获取的，这需要长时间地在实践中去探索，在这个过程中，导师既可以树立大方向，循循善诱，又可以及时指正研究生所犯的思维错误，防止其误入歧途。

(二)科研素质的养成

现代神经外科的发展，需要的是临床医师和科学家合二为一的复合型人才，单纯能够完成手术操作的医师已经不能够满足新时代的医学要求。尤其在神经外科专业学位研究生的培养阶段，我一直坚持以科研能力作为载体和主线开展临床实践训练，力求做到科研能力的提高和临床工作能力的锻炼同时兼顾。科研能力是指研究生在其所从事的专业中，以科学的思维和适当的方法，对未知领域进行科学探索的能力。临床医学专业学位的设立是为了有效地改善临床医学研究生培养过程中临床能力训练不足及临床能力较差的状况，但这并不意味着可以忽略科研训练。科研已经成为医学领域中不论基础医学还是临床医学工作者不可或缺的一部分，同临床技能一样，其已经成为临床医生的左膀右臂。因此，科研能力培养是研究生教育的核心内容，科研能力不仅是能够解决临床实践中所遇到的一系列问题的能力，还是在实践中不断发现问题、提出问题，并解决问题的能力，为医学的发展源源不断地注入新活力，是研究生培养阶段的提升素质。导师除了应具备扎实的临床技能，同时还要有一定的科研基础，拥有缜密的科研思路，更要有丰富的临床实践感悟、疑惑及问题，拥有广阔的视野，敏锐的领域难点及热点。在与研究生的交流中，导师应该让研究生学会理解科研思路、过程、结论，端正研究生的科研态度、作风，在具体课题的实施过程中给研究生以方向性指导。

在科研设计方面，首先需要培养研究生能结合导师的研究领域和目前研究热点撰写文献综述的能力。其次，每一位研究生就读期间都会根据导师不同的专业方向和研究领域，设定各自的课题目标，在导师的指导下锻炼选题、科研设计、查阅文献、分析问题解决问题的能力，锻炼研究生缜密的思维方式和实际科研动手能力。最后，撰写学术论文是科研工作重要的一步，贯穿于研究生培养的整个过程，也是研究生的必备技能。

在学术创新方面，首先要营造创新的氛围，导师和研究生要敢于坚持学术民主，敢为人先，敢于标新立异，勇于提出假说。其次要创造创新条件，加强跨学科合作。最后要建立创新的保证措施，坚持公开开题制度，严格中期考核制度，建立评价学位论文创新的指标体系。

（三）重视研究生的人文素质教育、品德教育

研究生并不是仅具有科学素质即可，作为"人才"，必须具备一定的内心修养和人文素质。人文素质主要包括四个方面的内容：人文知识、人文思想、人文方法、人文精神。人文素质和科学素质是一个统一体，对于研究生而言，努力学习和不断实践是提高人文素质的重要途径。知识是素质的基础，能力是素质的体现。在学习医学知识的同时，还要多学习中国传统文化和国内外医学发展史、哲学和文学以及其他社会知识。

在神经外科专业型研究生的培养中，导师在德育方面的言传身教非常之重要。优秀的导师往往具有精湛的医术、高尚的医德、渊博的知识和严谨的学风，其学术水平、学术成就和个人品德常为业界所称道，并成为医院的优质教学资源。专业型研究生的学习主要在于导师的指导，甚至是手把手地带教。导师在陪伴学生成长过程中起着举足轻重的作用，学生对于导师的天然崇拜往往会使其处处模仿导师的言行。如果导师在工作中克己奉公，对待病患温暖亲切，与病患的沟通细致流畅、讲究技巧，治学严谨，行事公允，手术技术精准、娴熟，对待学生宽进严出，对待同事虚怀若谷，始终保持与时俱进的心态，必将成为研究生由衷钦佩并愿意模仿的对象，从而实现"润物细无声"的教化作用。

（四）培养研究生的自主学习能力

自主学习能力强调学生的主动学习，认为学习是主动构建知识的过程，学生不是简单被动地接受信息，而是对外部信息进行主动选择加工和处理，从而获得知识的奥义。自主学习能力是研究生获取知识的基础，是研究生培养阶段的基本素质。研究生在大学本科学习阶段自学能力已经有部分的发展，可以独立学习并解决部分科研及临床中遇到的理论及实践问题，但是这些发展并不能满足研究生阶段更高的科研及临床需要。研究生阶段对研究生独立思考问题、解决问题的能力有了新的要求，导师不可能再手把手地教学生怎么去发现问题、思考问题，进而提供解决方案，导师应该成为研究生自主学习和自主成长的引导者。因为，一方面，导师有大量的临床和科研工作要去处理，时间比较有限；另一方面，以住院医师规范化培训为主导的新培养模式，更加注重临床实践能力的训练，特别是神经外科研究生与导师接触的时间与机会将会大大压缩。因此，研究生的学习是导师指导、监督下的自

主学习，导师是研究生专业和学术上的引路人。

研究生自主学习能力的获取是在实践大方向、大框架的过程中，诸如文献检索、实验过程操作、数据处理与分析、结果讨论等方面的问题，通过研究生的自学，诸如专业书籍、查阅文献、咨询有经验的师长等途径，不断发现问题并解决问题的循环中锻炼升华的。在临床实践和科研活动中，导师应引导研究生对临床实践工作中遇到的临床问题进行主动思考、分析和解决问题，增强创新意识，培养创新能力。"授人以鱼，不如授人以渔"，只有学生自学能力提高，才能面对现有的问题，进而发现新问题、提出新问题并解决这些问题。这也就回到了前述"双轨合一"模式的初衷，在临床实践能力训练中发现问题、提出问题，通过个人自学能力去解决这些问题。在积累临床实践、提高临床技能的同时，通过提高自主学习能力，夯实神经外科相关的理论与基础知识，拓宽视野，关注前沿与领域热点、难点。只有这样，我们的研究生才能在临床和科研的各项工作中走稳走好每一步。

研究生的学习过程更多体现在研究中，而思维的创新性和对前沿研究的把握是其中的一个重要方面。需要在整个过程中鼓励学生对某个具体问题提出自己的看法，并就自己的看法利用现在非常好的文献条件进行论证和设计，甚至实际动手做一些初步的验证，这实际上就是一个非常重要的开题过程。一般来讲，在学生进行开题报告的时候，其工作应该已经进行了一半以上，否则开题是空对空，找不到其中的关键点。在这个过程中，学生掌握前沿的效率和程度就显得非常重要，从浩如烟海的文献中用最快的速度找出最关键的文献并加以仔细研读和实践，给后面的临床工作留出足够的时间。在关键文献阅读中，找出其关键点加以扩展和引证，同时为后面的研究工作提供思路和方法，在该过程中，不仅可以加深对前沿的了解，也反过来通过引证过程加深了对基础知识的掌握。

总之，通过学历学位教育和资质准入教育有机结合，以及细化培养过程管理和节点控制，在导师辅导下，神经外科专业学位研究生的科研素养与临床能力有望得到明显提升。目前在新的体系下，神经外科专业学位硕、博士研究生无论是学科基础、病种见识还是技能、技巧训练方面均达到高水平、高质量培训要求，完全符合神经外科专科医师从事临床工作的标准，达到专科基础扎实、综合素质优秀。这种新的教育模式有望培养出与现今的医疗模式和医疗需求相匹配的综合素质较高的神经外科专业人才。总而言之，神经外科研究生的培养是一个不断学习、探索、总结的过程，新的教学模式虽存在自身优势，但仍需反复实践，不断改进。

周智广：
临床研究生教育：传承与创新

一、研究生教育之路中的湘雅精神

记者：2018年是我院建院60周年，同时也是研究生培养40周年，您心目中的湘雅医学研究生教育传承下来的核心是什么？

周老师：2018年是我院建院60周年，同时也是研究生培养40周年，诚如湘雅的校训，研究生教育传承下来的核心应该是"求真、求确、必邃、必专"。研究生的教育是在本科生教育基础上的进一步提升，是在原有的基础上选定一个具体的专业方向，既要在这一方向上有比较广博的知识，也要能

够针对这一方向更深地钻研。例如我培养的代谢内分泌专业的研究生，既要有相对广的内分泌专业知识，也要对内分泌这一领域里面某一方面再进一步深入地进行研究，应该是广博和精深相结合。研究生教育有别于本科生教育，最大的区别是在于要懂得怎么开展相应专业的研究，为了开展研究就需要学习一些科学研究的基本方法，例如学习如何进行科研设计、统计分析、检索文献、综述撰写等，这些都是非常重要而基本的方法学。对于如何开展具体实验则需要学习专业性或技术性更强的方法学，例如分子生物学、免疫学、实验动物学等。我们应该去了解我们所使用的实验技术和手段，而这些手段和方法是不断更新、不断发展的，因此培养研究生对于基本方法学的学习能力非常重要。从研究生教育的出发点来说，最根本的目的是要更好地去回答和解决研究领域的重要的问题，而临床医学科学研究的目的就是为了能够治好病，这就包括了能清楚诊断及开展治疗，因此也就需要更好地理解疾病发生发展的机制。关于研究生教育理念的传承最主要还是来自我们的老师们，我作为湘雅78级本科生，1983年成为湘雅的研究生，湘雅的老师们给我们展示的就是很好的科学研究方法。我们最开始也学习了包括高等数学、科研检索、医学统计在内的基本的方法学，然后学了专业相关的分子生物学、遗传学、影像学等，后来到了临床，我们的导师提出来了亟待解决的临床问题：糖尿病的血管病变相关的血氧代谢是怎么样的？尤其是糖尿病患者的红细胞糖代谢途径里的一个中间产物2，3-二磷酸甘油酸（2，3-DPG）是如何受到糖代谢的影响的？我们已知血糖升高后导致糖化血红蛋白升高，而糖基化的血红蛋白释放氧的能力降低，2，3-DPG水平的降低亦引起血红蛋白释氧能力降低，而糖尿病血管病变患者确实存在微循环缺氧。同时我们通过前期的研究发现，糖尿病患者血磷降低而尿磷排泄增高，磷又是2，3-DPG的合成原料之一。为了解释临床现象、解决临床问题，我们要弄清楚糖化血红蛋白、2，3-DPG和磷之间的关系，因此，当时我硕士研究生的毕业课题就确定为"糖尿病患者红细胞2，3-DPG的变化及补磷对其影响"。导师为我们选定了选题后，经过课题实践，我们真正理解了怎样去做研究。我当时几乎把这一研究相关的文献全都找了出来，甚至为了读懂日文文献，专门学习了日语。我硕士研究的这一课题对我意义重大，令我印象深刻。

二、研究生教育之路上的湘雅名师

记者：您能谈谈您硕士生求学阶段的导师以及从他们身上学到的最重要的是什么吗？

周老师：1982年，我本科实习来到了湘雅二医院内分泌科轮转，有幸见识到了风度翩翩的伍汉文老师，他查房时逻辑十分缜密，令人信服，令人心生崇拜。我就报考了伍老师的研究生，当然，这毫无疑问是我一生中非常重要且正确的决定。伍老师既是我们学术上的导师，他求真求确的行事态度也是湘雅精神的最好典范。他从未停止过追求学术的进步，乃至于现在93岁高龄，仍然坚持出门诊、读文献、做读文献笔记。跟伍老师在一起时，他时常跟我们谈最近的学习收获，让我们有时间就要去读文献，追踪自己领域的发展。我们另外一位导师，超楚生老师专业领域知识尤其丰富，所作笔记更是众多。据我所知，他读外文文献所做的笔记至少有60～70本，堆起来像一座小山。我特别敬佩我的这两位导师，他们对知识的追求、对学术持之以恒的态度，是求真、求确、必邃、必专的典范。1987年，我又很荣幸地成了伍老师招收的第一位博士生，在硕士课题的基础上，我的博士课题确定为"糖尿病患者血氧转运失常的机制研究"，从血液中的2，3－DPG到微循环障碍和血管内外的血氧交换，到血管、神经病变与血氧改变的关系，是对研究内容的进一步深化。选好课题方向十分重要，在前期研究基础上，围绕课题不断深入，才会有比较好的收获，这也是我从伍老师那里学习到的培养研究生的方法。

三、研究生教育之路上的实践

记者：您带了这么多届研究生，有无印象非常深刻的学生？

周老师：我第一次招硕士研究生是在1993年，到现在已经培养了150多个学生了，希望能把从老师身上学到的精华，领会后又传递给下一代的学生，包括如何学习科研方法，如何选题等。我在1993年申请到了自己的第一个国家自然科学基金，所以我的第一个研究生很自然地就是做的这个课题，课题是：谷氨酸脱羧酶（GAD）自身抗体对胰岛β细胞胰岛素分泌功能的影响。GAD抗体是自身免疫糖尿病中存在的一种自身抗体，对该疾病有诊断和预报的价值，从选定这个方向之后，一直到现在为止我和我的团队也都是在研究自身免疫糖尿病相关的课题。当时做这个课题首先需要解决两大问题，一是如何检测抗体，二是如何分离纯化抗体并用以干预胰岛 β 细胞。为了建立方法解决问题，我带着包括我学生在内的科研团队一起查文献，找到一种酶活性的免疫沉淀方法，通过亲和层析从猪脑中分离纯化 GAD，利用 GAD 催化谷氨酸脱羧成为 γ 氨基丁酸（GABA）并释放 CO_2 的酶活性，用 ^{14}C 标记谷氨酸后，将患者的血清与分离纯化的猪脑 GAD 共孵育，若患者自身抗体阳性，即血清中存在 GAD 抗体，与 GAD 结合后影响其催化 GABA 反应的能力，检测到的 $^{14}CO_2$ 也会相应地下降，以此来检测患者血清自身抗体是否为阳性。后来我们再进一步利用葡萄球菌蛋白 A 免疫沉淀法将 GAD 抗体分离纯化，再去干预胰岛 β 细胞观察胰岛素分泌功能的变化。单在建立检测和分离的方法的过程中就经历了很多困难，同时也得到了很多帮助，例如我们得到了伍汉文老师的同学资助的 100 万港币，购置了实验必须的快速蛋白液相层析系统和液体闪烁计数仪，我们也形成了课题组，与我的科研团队互相学习，共同成长。相应的研究成果发表在《中华医学杂志》《中华内科杂志》和《中华内分泌代谢杂志》上后，我们仍然在自身免疫糖尿病这一领域继续探索，通过查阅文献了解国际最新研究趋势并及时调整自己的研究方案，通过国内同行的帮助获得了来源于澳洲的自发 1 型糖尿病动物模型 NOD 小鼠，通过邀请国外专家来访指导引入了经典的放射配体法检测 GAD 抗体。我自己到美国做博士后，更全面系统地掌握了抗体检测技术和相关机制。这些经历不仅帮助我们获得了科学研究的突破，也架起了国内外友谊的桥梁，既是培养研究生，实现教学相长，也让我们整个研究团队逐渐成熟，而我们后续开展的自身免疫糖尿病的免疫诊断、治疗和预防都是以此为基础建立的，让我们从研究所一步步成长为糖尿病免疫学教育部重点实验室，又为研究生提供了更好的培养平台。当年的许多研究生，现在也成了优秀的研究生导师，将优秀的科研方法和科研精神一代代传递下去，而我们团队也一直坚持着我们防治自身免疫糖尿病的"中国梦"，即成功预防或治愈自身免疫糖尿病。

四、研究生教育之路的展望

记者：您觉得目前湘雅医学研究生教育有哪些不足，您有什么建议和意见吗？

周老师：湘雅医学研究生教育仍有可以提升之处，一方面，我觉得我们要不断走向医学领域的国际前沿。研究要有突破就需要创新，创新需要有基础,所以先要奠定好基本功,要知道哪个方向是专业领域的前沿,哪些是重点要解决的问题,提出问题后再向着目标努力,而开展国际交流合作可以更好地把我们带到研究的前沿去,拓展出更广阔的视野。我们拥有的科研基础和目前做的很多工作都与国际合作密切相关,例如我们开展的脐血干细胞教育疗法治疗 1 型糖尿病,就是通过跟美国的合作推进的,闭门造车是很难一下子到达目前的水平的,而有了合作交流基础,我们有了一定国际影响力,还通过举办湘雅国际糖尿病免疫学论坛等国际会议,把世界的大咖都请到我们这里来。同时,让研究生参与前沿的国际交流合作也是非常重要的,这方面我们有成功的经验,但还值得进一步弘扬。另外一方面,研究生应该坚持一个比较稳定的研究方向,这样才能有更好的积累,像我们团队这样培养上百个研究生都是围绕一个研究方向进行的,选定自身免疫糖尿病方向一直持之以恒,一直在不断进取和拓展,这在国内和国外的内分泌领域都是很少见的。

五、研究生教育的新时代

记者: 结合"立德树人"教育以及"双一流"高校和学科的建设背景,请您谈一下研究生教育创新的新思路。

周老师: 立德树人,是要为中国特色社会主义事业培养合格建设者和可靠的接班人,也就是说,我们的科学研究也应该立足于解决中国临床的实际问题,包括我们送出国的学生,我们也希望他们学成归国后能更好地为国家建设服务。"双一流"建设需要一流的教师,才能培养出一流的人才,这就需要教师首先能走在国际的前沿,因此,开展国际化的交流合作是保障"双一流"建设的重要路径。要能实实在在地创造出一流的成果,是需要一定的积累的,所以基本方法学的建立和团队的培养十分重要。此外,还要坚持一个主攻的方向,来凝聚更多同行,吸引更多优秀的人才。例如我们联合自己团队和"千人"刘峰教授的特长领域,选择了免疫代谢学的方向,研究代谢和免疫系统相互作用的关系,将我们的研究提升到新的领域,增强与其他学科之间的联系,并希望能进一步扩展,成立联合的国际实验室,建立更好的平台后,成为世界一流的学科,为一流大学的建设做出应有的贡献。同时,我们也要重视包括研究生在内的年轻人的培养,把我们的湘雅精神代代相传,并继续发扬光大。他们有更好的基础和条件,但更要能艰苦奋斗,因为幸福都是奋斗来的,美丽的人生是奋斗的人生,奋斗的人生才是美丽的人生。这是我关于湘雅教育传承和创新的一些想法。

向旭东：
急诊医学研究生培养体系的构建

急诊医学的重要性毋庸置疑。急诊医学面对的疾病谱十分广泛，病情也往往复杂危重，急诊患者病情紧急、变化快，急诊家属的心理准备不足，工作非常具有挑战性。与其他专业相比，急诊医学更强调医务人员独立处理问题的能力。急诊医学研究生作为急诊医学科的未来，在培养过程中如何把握急诊研究生的特点，结合急诊医学的实际，建立适合急诊医学需要的培养体系，具有重要的意义。我院急诊医学科从 1995 年开始招收急诊医学研究生，经过多年来的实践和探索，对急诊研究生的培养积累了一定的经验，现将具

体做法总结如下。

一、医学人文素养的培养

医学从诞生之日起,就包含着丰富的人文思想。古人云:学不贯古今,识不通天人,才不近仙,心不近佛者,不可以为医。西方特鲁多医生也有名言:有时能治愈,常常去帮助,总是去安慰。这些都闪耀着人文思想的光芒。虽然我们今天所处的社会环境已经发生了巨大的变化,但是人文精神是永恒的,因为医学的服务对象是人。如何在急诊研究生的培养过程中提高其医学人文精神,是当前急诊研究生培养过程中非常重要的任务之一。

在人文知识的养成过程中,我们主要做了以下三个方面的探索。一是以现实生活中的案例为研究对象,比如新闻媒体中的医疗纠纷事件、医院发生的医疗纠纷,组织学生就其中的人文问题进行讨论,分析为什么会发展成为纠纷。二是针对急诊科的特点进行分析,强调"共情"在与患者打交道中的作用。比如如何注意自己的言行举止,如何与家属进行沟通。三是针对不同社会地位、不同家庭背景的患者,学会采取个性化交流的方式,比如同样一个急性心肌梗死的患者,患者的经济条件不一样,家属对其急诊急救的方案也可能要求不同。

在医学人文教育方面,我们制作了《追求急诊医学的温度》《医学与社会的交流》等课件,作为一项专门的培训内容,在医学论坛报上发表了《三步之内是医学》的文章,论述了疾病与患者个人、家庭和社会的关系,同时论述了疾病、系统和器官组织的关系。让学生明白不能只看到疾病,还要看到疾病背后的病人和他的家庭。我们指导学生撰写了论文《医学的表演性》,发表在《中国全科医师》杂志上,强调在医疗实践中,医生的一言一行应尽量与当时的医疗环境相契合。

二、医学法律素养的培养

急诊科站在医院工作最前沿,面临的都是挑战,急诊患者往往病情紧急,情况复杂,诊疗过程有很多的未知数。随着社会大众法制意识的不断增强,急诊医疗活动的法律风险也不断加大。而医学教育中法律和规范意识的缺位,使得这种风险尤其突出。研究生在医疗实践中如何学会规避法律风险,依法维护医患双方的合法权益,建立和谐医患关系,这也是我们在研究生培养中非常关注的问题。

针对这个问题，我们提出了"依法行医、依核心制度行医、依指南行医、依药品说明书行医"的要求，并且采取了以下三项措施加强意识。一是邀请相关专家上课。我们先后邀请了法律专家为学生解读《侵权责任法》；请药学专家讲解依药品说明书用药的重要性；请药学和影像专家专门讲解了孕产妇用药、做影像检查中的法律问题。二是组织学生自行查阅13项核心医疗制度，并制作核心制度相关知识PPT，然后在小组学习会上给大家讲解，同时由大家点评。三是对我们医院的医疗纠纷中的法律问题进行分析。对我院47起经司法解决的医疗纠纷进行了分析，发现在医疗纠纷中最常用的法律分别是：《中华人民共和国民法通则》《中华人民共和国侵权责任法》《最高人民法院关于确定民事侵权精神损害赔偿责任若干问题的解释》《最高人民法院关于审理人身损害赔偿案件使用法律若干问题的解释》。由此，我们针对以上法律组织了专门的学习和讨论。同时，我们分析发现，在这47起医疗纠纷中，违反医疗规范的占17%、病历资料缺陷的占15%、侵犯知情权的占13%，这显示出45%的医疗纠纷都是由于法律知识缺位造成的。我们指导研究生撰写了《47例经司法解决的医疗纠纷分析》，文章发表在《解放军医院管理杂志》上。

三、急诊医学专业知识的培养

急诊科病种多，病情复杂且危重，对急诊研究生的专业水平提出了很高的要求。急诊研究生作为急诊医疗工作的重要力量，我们应通过多种方式，正确加以引导和教育，帮助他们切实夯实基本功，以提高他们的业务水平。

在这个方面，我们做了以下四项工作。一是通过对我院近5年的急诊抢救区、留观区疾病数据的分析，找出了排名前15位的疾病。之后让研究生以每人讲解一个病例的形式完成专业知识的学习培训，这样针对性强、效率高。急诊科前15位的疾病占了急诊疾病的80%，通过这种方式的学习，可以使研究生熟悉80%的疾病的诊治方法。二是介绍临床中一些疑难罕见病例。由学生收集资料，在小组学习会上介绍，要求年轻医生依次发表自己的见解，再由老师点评。对于一些有价值的个案，要求研究生写成个案报道，同时查阅医院近5年或者10年间收治的该类病例，进行系统分析，力求做到每学一个病例，就能让大家都掌握好该疾病的特点。近年来，我们每年在《疑难病杂志》等期刊上发表3~5个疑难病例个案报道，由我们科室主编的

《急诊疑难病例精选》已经出版了一本,第二本正在编写中。三是针对一些有社会影响的问题,组织专题学习,比如蘑菇中毒、蛇咬伤等。在一些传染病流行的季节,及时组织大家学习禽流感、甲流等疾病的临床特点,尤其针对不明原因肺炎的诊断,组织了专门的学习。四是组织学生编写急诊临床指南解读,针对不断更新的指南,安排每个学生负责一个急诊相关的指南的解读,学生自己查阅文献,对指南进行解读和分析,然后做成PPT,介绍给小组成员。目前我们科室负责的《急诊相关指南解读》已经交稿,估计年内可以出版。

通过以上这些方式,学生能不断积累临床工作的实践经验,我们能训练和培养学生处理实际问题的能力,培养其医学思维能力和分析综合能力。同时,能训练学生对医学事件的文字、语言表达能力,规范医疗文书书写,养成严谨、认真的工作态度,使学生将所学理论与实践更好地结合起来,达到更快提高的目的。

四、急诊临床科研的培养

随着现代医学科技的迅速发展,社会对临床医生的综合素质提出了更高的要求,临床医生必须具备良好的科学素养和科研能力,才能适应现代社会发展的需要。科研是促进医学发展的重要手段,是保证学科建设与发展、培养医学人才的必要措施,医生在临床工作中如果不应用科研思维,则不能发现问题,也不会通过查阅文献、分析思考来解决这些问题,只能墨守成规,没有进步,更谈不上突破。有科研思想的临床医生,可以在临床工作中将所学的理论知识强化并转化成解决实际问题的能力,用理论指导实践,同时也在不断发现问题、解决问题的过程中巩固理论知识。要培养急诊青年医生的科研能力,首先应树立其正确的科研观念和正确的科研思维方法及科学研究的过程,包括正确选题,选择技术路线,选择适宜的、科学的研究方法和手段,掌握正确的实验操作方法,对数据进行正确的分析处理,规范地撰写论文,将科研结果表达出来。

在培养急诊研究生的临床科研能力方面,我们要求研究生在读期间完成"五篇文章",为急诊研究生的科研素养的培养提供了新的模式。

"第一篇文章"是科普文章。撰写科普文章一方面可以培养研究生的科普意识,引导群众真正了解到先进的医疗卫生保健知识。积极参加医学科普创作,也是医学科研工作者广泛联系群众、理论结合实际的重要途径。另一方面可以让研究生学会在非专业媒体上用老百姓能听懂的语言介绍某一个科学问题。近年来，我们要求每位研究生必须完成一篇以上的科普文章，针对一些社会上常见的问题对老百姓进行科普宣传。2017年我们关于毒蘑菇的科普文章，被省内所有的媒体转播，并且引起了疾控部门的关注；2018年关于"电子血栓"的科普文章，被中央电视台等120家媒体转播，这些都起到了非常好的宣传作用。

"第二篇文章"是个案报道。病例报告是有关单个病例或数个病例的详尽临床报告，至今仍是研究临床医学的重要方法。在我国，多数地方职称晋升的时候，病例报告文章是不纳入考核的，因此很多人都不屑于写个案。但我们决不能因此认为病例讨论一点用处都没有，反而大家应该更加重视它。时至今日，国内外知名的临床医学期刊，无不刊登丰富有趣的病例报告论文，深受临床医师欢迎。研究生在撰写个案报道的同时，学会了用专业的语言，向同行们描述一个疾病的临床特点、诊断思路和处理经过，并且对该疾病的研究进展进行系统的分析。病例报告的整个完成过程就是一个科研的过程，病例报告后面的讨论部分其实就是一篇小综述。写好一个个案报道需要阅读大量的相关文献资料，包括疾病的机制、诊断、治疗等，在写完初稿后再不断精简、精练，形成准确表达意思的语句，这也是对撰写科研标书与科研论文的一种锻炼。当完成单个病例报道书写的时候，可以尝试去医院病案室完成全院同类病例的搜索，如若能收集到几例甚至几十例同样病人的完整资料，则可以完成某类病的临床资料分析，其价值意义将更大。近年来我们科的研究生在《国际心血管病杂志》《疑难病杂志》《急救复苏与灾害医学杂志》等期刊上，发表了20余篇个案报道。

"第三篇文章"是医学综述。文献综述是对某一领域，某一专业或某一方面的课题、问题或研究专题搜集大量相关资料，通过分析、阅读、整理，提炼出当前课题、问题或研究专题的最新进展、学术见解或建议，做出综合性介绍和阐述的一种学术论文。研究生在完成个案报道的时候，已经查阅了大量的文献，在这个基础上，我们一般要求学生针对这个疾病的某个问题，撰写一篇医学综述。在完成医学综述的过程中，研究生需要查阅大量文献，一方面提高了查阅文献的能力，另一方面阅读了大量相关的文献资料，提升了专业知识，同时学会了从大量的文献资料中获取自己需要的知识，并且对这些知识进行提炼、整理、归类，用于支持自己的观点。我们学科的研究生在开始开题报告之前，基本上做到了每人都能发表一篇综述。近年来，共发表医学综述20余篇。

"第四篇文章"是临床论著。这是表达科学研究成果与进展的最普遍、最正规和最严谨的形式。在科学期刊这个平台上，科技工作者可以用论文在这个平台上与他人分享自己的研究成果、讨论科学观点，发现同行和寻求合作。针对急诊科的某些疾病或者某些现象，我们要求研究生学会从中发现问题，提出问题；然后在每周的小组会上报告自己的想法和查阅文献的情况，会议讨论后认为这个问题值得进一步研究，就安排研究生设计研究方案；研究方案通过以后，由多位学生一起收集资料、查阅文献，将结果在小组会上报告，听取大家的意见与建议，形成写作思路；每一篇文章在投出之前，先在小组会上讨论三次。在这个过程中，研究生学会了发现临床问题，学会了进行科研设计，学会了收集临床资料，也学会了撰写论著文章。我们学科所有的研究生在毕业之前，都有临床研究文章发表。

　　"第五篇文章"是SCI论文。SCI论文作为急诊青年医生的终极目标，有助于提高论文作者的专业地位。要在SCI期刊上刊登论文，它的要求十分的严格，想要通过它的评审，在符合所有的要求的大前提下，论文的创新性与能否吸引焦点也是十分重要的。经过重重的评审，最后才能够把一篇最优秀的论文发表在SCI期刊上，在这其中就是得到了专家的认同才能通过的。研究生通过临床研究或参与导师的课题撰写SCI文章，一方面学会了用英文写作，另一方面学会了给英文期刊投稿，更重要的是在论文的反复修改中，进一步掌握了临床科研的基本方法。我们对研究生发表的英文论文要求不拘泥于论著或综述，个案报道、给编辑的信都可以，我科研究生2/3的学生在毕业前都完成了一篇SCI论文的发表。

五、展望

　　急诊医学作为一个年轻学科，其发展模式及研究生的培养尚处于探索阶段。随着我国急诊医学观念的进一步形成和普及，以及急诊医学学术领域范畴的明确和急诊医疗服务体系的完善，急诊医学研究生教育也将有更大的发展，也会培养出更多适合于急诊医学发展的人才。这种努力或尝试对推动我国急诊医学的学科发展具有积极意义，甚至有可能使我国的急诊医学学科水平在不远的将来走在世界前列。

陆前进：
医学研究生教育之感悟

　　医学研究生教育是推动国家医学技术进步的重要方面，担负着培养高水平医、教、研人才的责任，关系着我国医学事业的发展。随着医学研究生教育新的政策和制度的实施，对医学研究生，特别是临床医学研究生提出了更高的要求和挑战。为了适应新的形势，需要进一步分析当前医学研究生教育工作面临的问题，完善医学研究生教育的相关制度，提高医学研究生教育的水平。中南大学湘雅二医院皮肤性病科及皮肤性病学教研室于1958年8月成立，1985年开始招收硕士研究生，2005年开始招收博士研究生。现有博士

生导师 5 名，硕士生导师 11 名，每年招收和培养博士研究生及硕士研究生 10 余名，同时为湖南省中医药大学、南华大学皮肤性病学专业研究生临床及科研研修基地，每年有 10 余名外院研究生在我院皮肤性病科进行临床专业实习及科研实验。教学相长，在研究生教育的工作中，不但学生们收获满满，导师也同样获得了宝贵的教学经验。现将医学研究生教育过程中的感想与感悟分享如下。

一、因材施教，激发研究生对科学研究的激情与热情

研究生，顾名思义，就是需要做科学研究的学生。而事实上，很多医学研究生却对科学研究缺乏激情和热情。究其原因，我想主要是两个。

第一个原因是很多医学研究生将来是计划要做临床医生而不是做实验室的研究人员，他们当初读研究生也只是为了将来找个好的临床工作，为了满足招工单位的学历要求才读的研究生，而他们本身并不热爱科学研究。对于这类研究生，需要让他们明白，做好临床与做好科研并不矛盾，全中国乃至全世界，最好的医院都是临床和科研两方面都出类拔萃的，最好的临床医生，也是最会思考、研究和总结的医生。会从临床发现的问题着手，去研究它的解决方案，这是一个好医生必须具备的素质和能力。临床经验在以后的工作中可以慢慢积累，而科研素质的培养，最重要的就在读研究生的这几年里了。

第二个原因，我想是因为当今这个时代物质文化娱乐生活都很丰富，外面的世界很精彩，诱惑太多，以至于很多研究生难以沉下心来专心做科学研究。这就需要营造一个科研的良好氛围，激发他们对科研的兴趣。为此，我把我的办公室搬到实验室来，以身作则，每天按时上班，从不早退，为他们树立榜样。同时，我要求研究生在上班时间专心工作，不得八卦闲聊，不得浏览与科研无关的娱乐网站，但鼓励积极讨论学术方面的问题，并经常开展一些学术小讲座，在实验室形成一个团结、紧张、活泼、严肃的环境，培养浓厚的学术气氛，使研究生们一进实验室就能进入科研状态。

在接触过的研究生中，我发现往往有这么两种极端。有些研究生非常外向，成天在实验室里欢声笑语、叽叽喳喳不停。他们总是不能安静地坐下来好好看看文献、好好看看书，往往随随便便设计一下实验方案流程然后就开始动手做，每次做实验前也不好好研究一下实验原理、方法和步骤，碰到问题就只知道问别人。对于这类研究生，需要向他们强调理论知识的重要性，

需要给他们压力，给他们布置作业，让他们每周阅读文献并汇报，撰写综述，以此引导他们去看书和专业的杂志，这样往往能对他们有很好的矫正作用。

而另一部分研究生则正好相反，他们总是太过于书生气，太过于内向腼腆。这类研究生往往很勤奋很专注，喜欢成天埋头苦读各种文献、专业书籍和杂志，做起实验来一声不吭、没日没夜地做。理论和文献的学习当然很重要，勤奋和专注也值得表扬，但他们却疏于交流，实验出现了问题只知道自己埋头苦思、重复试验，耽误了很多时间，却依然无法突破瓶颈。殊不知他们只要向实验室的老师、实验员或同学们请教一下，问题很快就能解决了。对这类学生，则需要鼓励他们多去交流，不能成天闭门造车。而且不只是鼓励，还需要主动找他们或要求他们定期来和自己交流，让他们养成交流的习惯。不仅仅是在自己的实验室进行内部交流，还应与全院的、全省的、全国的、全世界的科研工作者们积极交流，学习新的知识、掌握新的方法、了解新的信息，融会贯通，形成自己的思维方式。我们皮肤性病科非常重视研究生的学术交流活动，多次组织承办湖南省医学会皮肤病学、性病学专业委员会学术年会、湖南省免疫学会学术研讨会、湖南省皮肤科质控中心高峰论坛暨湖南省临床病例讨论会等各类会议，组织研究生参加东亚皮肤科大会、中华医学会及中国医师协会的全国皮肤性病学年会并发言。与美国的哈佛大学、密歇根州立大学、南加利福尼亚大学、得克萨斯州大学、加利福尼亚大学戴维斯分校；法国的布雷斯特大学；日本的鹿儿岛大学；中国的香港大学等建立了长期良好的合作关系，聘请了多位国内和国际知名专家为皮肤性病科客座教授，每年邀请10余人次国际专家进行专场专题讲座，已先后派出13名研究生赴美国、日本、瑞典的高水平大学进行学习和交流。

除了因材施教之外，还需要有一套完善的培养制度。所谓"无规矩不成方圆"，完善的培养制度对研究生的成长有着重要的作用。本科实验室对每位新来的研究生都会统一进行实验室管理制度、实验操作规范及实验仪器的使用等相关培训，并组织考核，确保人人过关。实验室每周进行一次实验技术宣讲培训、一次实验结果汇报讨论，新进研究生每周做一次文献阅读汇报。实验室有多名专业技术人员，为研究生的实验设计和实验操作提供帮助和指导。在这样的制度支持下，我科研究生发表了大量高水平的论文，获得了多项学术荣誉，在此不一一枚举。

二、培养研究生临床思维能力，练好临床基本功

目前很多临床医学研究生只想着在实验室里做完实验、发完文章，满足了毕业要求就万事大吉，却不重视临床思维能力的提高，因此临床思维存在着局限性。其实每个专业的疾病都是包罗万象的，就皮肤病而言，已命名的就有 2000 余种。同一种皮肤损害表现可能由不同的皮肤病所致，而同一种皮肤病可能有不同的皮肤损害表现。因此，刚进入皮肤科临床的研究生往往会一头雾水，面对病人茫然不知所措。在这种情况下，有的研究生完全只知道依赖老师，自己不去看书，不了解每种病和每个病人各自的特点，什么病人来了都只等着老师告诉他该怎么处理，告诉了之后也只知道照章执行，不去思考为什么要这样做；而把自己手头的病人处理完了，他们就觉得彻底完工了，从来不去看看其他医生那里有没有值得学习的少见或危重的病例。这些研究生由于理论知识匮乏，接触和学习的病例太少，导致临床思维有很大的局限性，无论什么病人来了，都只知道诊断几个常见的疾病，做那么几项常规的处理，如果新来的病人和以前见过的病例病情稍有不同，他们就不会诊治了。

针对研究生的这些问题，我们科每周都会进行一次教学查房和一次业务学习，查房时随时提问，查房后的总结以及业务学习时要求同组医生都要参与讨论，从而引导研究生们既要多看书，打好理论基础，又要去关注各种实际的病例；既要管好自己的病人，练好基本功，又要学习同组乃至全科室的疑难危重病例的诊治经验。我们还采用病例教学、PBL 教学、DBL 教学等先进的教学理念，对研究生临床思维灵活性进行培养，对临床上解决问题过程进行模拟，分析病例，并学会举一反三，由点及面，灵活思考，改变思维的角度、方向和途径，有效解决临床问题，获得了良好的教学效果。

目前，我们皮肤性病科针对专业型与学术型研究生分别制定了详细、完善的临床轮转、培训和考核计划。每个月第一个工作日皮肤性病科门诊和住院部的各个部门都会对新来的研究生分别进行入科教育，每个月月底进行理论和操作考核，注意将理论与实践有机结合，注重提高研究生的思考能力、综合分析能力和临床实践能力。除了临床工作以外，皮肤性病科还要求研究生参与授课及临床论文的写作，在提高研究生临床能力的同时，也提高了其教学与科研的能力，这使得皮肤性病科研究生毕业后具有极高的可塑性和适应能力。

三、言传身教，培养研究生高尚的医学品德

救死扶伤的医学品德，直接关系到患者的生命安危。当前医患关系矛盾重重，所以培养医学研究生高尚的医学品德就更加刻不容缓。现实生活中有极个别医生医德缺失，对患者漠不关心、诊治漫不经心，这不仅导致医患关系紧张，而且会让刚进入临床的研究生耳濡目染，也沾染上这样的风气，甚至还把老师作为榜样，误以为对那些疾病就该这样诊治。所以要提高医学研究生的医德，首先就需要导师以身作则，为人师表，用自己高尚的医德去感染身边的每一个学生；在必要的时候，还需要向他们指出哪些医生的做法是不对的，不能学；平时多和他们讨论，从而让他们逐渐树立正确的人生观、价值观和世界观。

其次，我们需要加强对医学研究生的思想政治教育，把思想政治教育贯穿于医学研究生教育的全过程。在我看来，要加强对医学研究生的思想政治教育，仅仅依靠学校教思想政治课程的老师每周上那么几节思想政治教育课是远远不够的。作为导师，我们首先需要自己切实地了解研究生的思想状况。只有了解他们的思想状况，知道他们在想什么，怎么想的，怎么思考问题、判断问题、解决问题的，才能采取有针对性的教学方法，讲授有针对性的教学内容，使我们所教的内容真正地被他们内心认同。基于研究生的教育程度，他们会比其他人更加强调自我，更加坚持自己的观点，从而不容易信服或追随其他观念。他们有自己独立的判断，并且会寻找大量的理论资料来证明自己的判断，由此更加相信自己的判断。因此，在进行思想政治教育的时候，我们更应把言传和身教结合起来，把理论与实际结合起来，更多地用摆事实、讲道理，在比较中明辨是非的办法，引导研究生们学会多看、多想，让他们在这一过程中得到良好的思想政治教育。

四、关心爱护，为研究生排忧解难

不可否认，医学研究生的生活是艰苦而乏味的。课堂学习、临床实习、实验操作、论文写作无一不是压在他们头上的大山。近年来，研究生出现心理障碍的报道也屡见不鲜，我也亲眼见到很多医学研究生在临床上每天加班到深夜，在实验室甚至通宵达旦地工作，还经常为实验结果不佳而伏案哭泣。这时，就需要导师多多关心他们的学习、工作和生活情况，了解研究生

工作和生活中的困难，及时发现苗头，去疏导、安慰他们，及时帮助他们解决困难。对于研究生要有适当的压力，但又不能压力过甚，要让他们知道研究生生涯是一连串的战役，而不是一场冲锋，需要有张有弛，而不是几天、十几天就耗竭掉自己的全部。要让他们为自己的研究生生涯做一个合理的规划，同时还要教会他们调整自己的心态，不要把这些学习和工作单纯地看作是负担和任务，而要享受这一过程，从中获得乐趣和感动，为自己的每进一步感到高兴，并学会与他人分享。

除了疏导、安慰和教育，作为导师，还可以通过各种活动，帮助研究生丰富业余生活。我科每年都会组织研究生一起去附近旅游，不定期组织爬山或游园活动，每年组织科室年会表演，各大节日、毕业日组织聚餐，让研究生们充分感觉到自己是在一个团结友爱的温暖大家庭里，在工作和学习中以积极阳光的一面过好生活中的每一天。

胡治平：
爱与自由——我的研究生教育思考

我出生于20世纪60年代，1981年考入湖南医科大学临床医学系，从最初的精神科医师到从事神经病学科，从参与组建湘雅二医院神经内科到如今的神经内科主任，从住院医师到一级主任医师、教授和湘雅名医，从一位平凡懵懂的医学生到如今的博士研究生导师。从2000年培养第一位研究生起，至今已毕业硕士研究生70余人，博士研究30余人，总结这数十年来的求学路、行医路、科研探索之路和培养教学之路，期间艰苦求索、波澜起伏的过程暂且不提，最让我念念不忘、心心相系并倍感骄傲的，仍然是我培养的众多硕士生和博士生都已走上了自己独特的临床、科研和教学舞台。他们有的取得了卓越的成就，有的已能独当一面成为所在部门的骨干，也有的在相对

平凡的岗位上默默奉献自己所学,有的正在或即将超越作为他们研究生时期的导师,也就是我,但不管怎样,也不管他们身在何处,我们都相处甚欢,因师徒的缘分而成为朋友,可以共高歌,可以共小酌,可以共出游,也可以共争鸣,我们都把彼此当成最重要的财富和伙伴,这些都让我心满意足,由衷地感到自豪。

回顾多年来研究生教育教学方面的经历,我不敢说会有很多过人的经验或个人特色,但扪心自问,自觉问心无愧,同时也有所心得体会。我自认为在教书育人的道路上,除了培育和践行"公勇勤慎、诚爱谦廉、求真求确、必邃必专"湘雅精神,做湘雅精神的传承者,一直铭刻在我的心底并时时提醒我自己的就是要给予研究生充分的爱与自由。爱与自由本是父母育儿的教育之道,有很多书籍和理论是关于爱和自由是如何促进更有效的家庭育儿教育,而领会其中的精神之后,我认为这也可以是我们作为导师培养研究生的重要原则。

爱是爱护。刚入学的研究生,虽然经历过大学教育,但是思想仍较为单纯,缺乏丰富的社会阅历,并且面临来自学业、工作以及生活等方方面面的压力,可谓压力山大。而作为与其合作最为密切的导师,又有一定的社会基础和学术历练,可谓多吃了几斤盐,多走了几座桥,思维眼界相对更为开阔,因此,我们不仅要作为他们的学业导师,也要做好他们的生活导师和思想上的导师,在其迷茫时适当引导,在其困难时适时帮助,在其偏离时及时加以纠正。这些都是作为一名导师应负起的义不容辞的责任。近年来,时有报道说研究生跳楼之类的,除了部分导师品行有欠缺之外,我想导师对学生缺乏必要的关心爱护也是重要原因之一。不能让学生因为一时的困难和疏忽而影响其以后广阔的天地和舞台,不能让学生一年也见不到老师几次面,更不能因为学生太多而导致有的导师还不认识学生。有交流、有倾听,才会建立更好的信任,有信任才会有更高效的科研和临床合作。有时候交流虽然不能达到听君一席话,胜读十年书的效果,但是关爱之情却可以溢于言表。导师与学生之间的关系不是父子,但情同父子,是有爱的嘱托。因此,导师必须时时关心学生的学业进展,关心其心理变化,关心其生活状态,做到心中有数,及时干预。我的学生之中,也有一些家庭较为贫困者,我在奖学金评定等方面就会有所照顾和倾斜,在生活上的困难也尽力做一些力所能及的帮助,虽有时候也是杯水车薪,但是代表了一种关爱的态度,也是无形中对其通过努力改变其自身命运的一种鼓励。学生之中,天分各有高低,也要因材施教,不嫌弃、不放弃,所谓没有教不好的学生,只有不会教的老师。学会爱,传播爱，珍爱自己，也要仁者爱人，不管是对病患，还是对身边的师友学生，保持一颗善意的爱心弥足珍贵。

爱是以身垂范，立德立言。研究生刚入学时，作为成年人之间新建立起来的一种密切的社会联系，导师的学术和社会地位无形中使研究生对导师带有一定的从属特性，部分研究生对导师或多或少带有某种崇拜感。但作为导师，切不可利用这种地位和身份上的悬殊来满足自身的私利，不能把学生员工化，当成自己的秘书或随从，为个人或家庭服务，也不可搞专制，容不得学生的不同意见，独断专行，颐指气使。导师和学生是神圣和严肃的师承关系，有其传统的师徒意味，也有其自然的边界，虽然学生有时习惯称导师为老板，但社会化和庸俗化的方向必然会带来严重的问题，近来有报道大学导师的各种丑闻无不与此有关。师者，传道授业解惑，传道即是树立师者应有的道德力量，告诉学生如何做人做事，唯有如此才会有良性的师生关系，才会有更高效的研究生培养教育，如不能以德服人，再高的技术和学术造诣恐怕也难以真正让研究生心悦诚服地学习。我经常和学生交流的一句话是："我们这一代人，经历过苦难，也经历过繁华，但无论如何，为学为人的原则和本色不能变，医学是有关人的学科，行医就是做人，做不好人也行不好医。"可见，作为医学专业的研究生，其对立德的要求必将更加严格。

自由是给予学生创新的机会和土壤。作为研究生，离不开学术研究和创新，鼓励创新是作为导师的题中应有之义。但如何实现创新，却各有不同的方法和实践，我认为自由和创新是正相关的。比如在研究生课题的选择上，有的老师为了尽快完成自己申报的课题，规定学生按自己的课题内容选题。这样虽然方便快捷，但也在一定程度上阻碍了学生自己去翻阅文献，开阔思路，提出自己见解的可能性，长此以往，不利于学术的创新。虽然我自己的主要研究方向是脑血管病，但是学生论文却涵盖了颞动脉炎、氧化应激、亚细胞结构、热休克蛋白、颅内感染等许多方面。学生研究课题范围如此之广的原因一部分要取决于我鼓励和认可学生自主选择研究方向并给予积极支持。我经常跟学生说："要么不做，要做就要做到最好，要做出自己的特色来，不盲从，不跟风，以兴趣引导创新，踏实肯干，肯定会出成果。"我也会尽量创造各种机会，资助研究生到国内外一流的学术机构学习访问，参加高级别学术会议，提高学生的眼界及业务水平。我也坚持定期举行学生读书报告会，跟学生进行交流，了解学生目前的研究进展，解决学生遇到的实际问题和困难，在创新和批判式的讨论中培养学生独立思考的能力。我也鼓励学生之间良性竞争，鼓励他们向我提出不同意见，而不必担心在学术讨论中冒犯我。谁的想法好，谁更努力，就会有更多机会。

自由是尊重学生的个性和选择。给予学生自由，也要尊重和支持学生不同的个性发展需求。每个学生都是一个独特的个体，有其固有的社会属性和个性特点，只有人尽其才，才能最大化地发挥他们的主观能动性。有的学生喜欢参与各种活动，性格相对外向，那我就针对性地资助其多参加国内外的各种会议并帮助争取让他们发言，这样的话，他们交了朋友，增加了经验，也学到了知识，在专业上也会更加出色自信。有的学生喜欢冥思苦读，那我也支持他多读文献，多发表好的综述，这样的学生因为有好的成果，学业也会变得很优秀。曾有一个我培养了多年的博士，毕业后留在我的科室工作，各方面表现也都很优秀，有一天，她突然向我提出辞职，这让我大吃一惊，细问之下，原来她工作之后经过自己体会，觉得医生并不是她自己最喜欢和最能体现其价值的工作，世界那么大，她想去看看。一个成年人经过自己深思熟虑做出的决定，作为导师，我有什么理由不支持呢？况且我也佩服她的勇气和对自己内心世界丰富性的不懈追求。尊师不是盲从，我由衷地欣赏那些追求自己梦想的求索者。

培养学生这么多年，看似桃李满天下，但其实我自己收获更多，来自学生们的关爱和问候常常让我感动不已，觉得此生有幸，能够成为他们人生成长路上的一个小站。我作为导师指导他们获得了学位，而他们又通过他们丰富多样的努力和成就使我能更好地认识自己、丰富自己。导师和学生，爱是相互的，自由也是相互的，所谓亦师亦友才是最和谐的师生关系。生活上多关爱、感情上多鼓励、技术上多帮带、工作上多提携、人生之路上多指点，我相信只要用心付出，就会赢得学生们的尊重和喜爱，就会成就共同的伟大事业。

陈 平：

温良恭俭，内外兼修
——我对现代医学研究生教育的思考

我是一名"土生土长"的湘雅学子，在这里，我已度过了近40年的光阴，见证了湘雅二医院在前进路上的一路探索，有在高潮中的寻求突破，也有在低谷中的摸索前行。可以说，湘雅二医院已经融入了我的生命，而湘雅的精神已铸入我的骨血。

除了是一名医生，我还是一名教育工作者，从事医学教育已30余年。在这30年间的教育生涯中，我带领了一届又一届的实习生，也培养出了70余

名医学研究生，这些学生们现今都已在全国各大医院的医学岗位上奉献自己的光和热。因此，对于现代医学的教育，我还是有一定的体会和感想的，在这里，我想谈一谈我对现代医学研究生教育的经验和思考。

一、立德树人，言传身教

医学研究生，首先是一名医者，其本质是"人"，因此，"树人"是医学培养的首要目标。"人无德何以立身"这是我始终相信的一句话，以人为本，以人为先。作为一名医者，治病救人是我们的本分，更是我们的责任。一个人的品格，集中体现为"德"，而一个医生的品格，就是"医德"；一个人的"德"可能会影响自己和周围人的生活，而医生的"德"影响的是千千万万病人的生命。因此，我把"立德树人"放在医学生培养的首位。

每个人对"德"的理解各有不同，每个人的"德"有高低，我们不能强求别人的品格高尚，但是我认为一个人的"德"应该有其底线，那就是自律及规矩。无规矩不成方圆，自律及规矩是对自我的行为、话语甚至思想等的一种约束，在我看来，一个缺乏自律与规矩的人是散漫的、懒惰的、碌碌无为的。比如守时吧，一个不能按时达到抢救现场的医生、一份没有按时提交的检查报告或者一次胡乱进行的治疗会造成什么样的后果想必大家都可以想象，因此，我对于我的研究生最首要的要求就是自律和规矩。而作为一名医生和老师的双重身份工作者，自律和规矩就更加重要了。以身作则，言传身教，这是所有教育工作者都应该明白的道理。只有自身做好了，才能够让学生信服，才能够让学生认识到自律和规矩的重要性。从业30余年以来，我一直坚持每日早上7：30前到达医院并开始工作，这也是我对于科室内年轻住院医师医生的基本要求，作为一名住院医师，只有早到了，才有时间了解自己病人的病情变化，才能在向上级报告病情时提出自己的疑问与思考。

此外，诚信也是立德立人的根本。我国传统伦理将诚信作为人的一种基本品质，认为诚实是处己立身、成就事业的基石。医学是一门实事求是的学科，从科研到临床实践，诚信都是作为一个医学工作者的基本要求。科研上的学术造假、临床上的滥开药物，都是现今中国医学界普遍存在的问题。正是由于这些诚信问题，导致国际医学界对我们科研成果的普遍质疑以及患者对医师的不信任甚至医疗纠纷的产生。因此，作为医疗教育工作者，我们首先应从自身做起，约束自我、诚以待人、以身作则，然后才能引领学生养成正确的思想观及人生观。对于我自己的研究生，他们的每一个研究结果我都会要求他们提供原始图片和资料，绝对不允许存在欺瞒与造假的行为。我希望他们能够明白：诚信是科研的基石，没有了基石的研究终究会倾塌，并且砌得越高塌得越狼狈。

二、大道至简，唯勤而已

医学研究生，除了是一名医者外，也是一名学生。学生，即需要不断学习的人，而学习要想取得好的成绩，勤奋与坚持是唯一的通道。"出庙潇洒弃金身，二十七年默无闻。遍访名医不辞苦，本草纲目一朝成"，李时珍一直是我最敬佩的人之一，若没有其以身试药，没有那坚持不懈的意志，就不会有《本草纲目》这一伟大的医学著作的产生。我硕士毕业的时候，同学们纷纷开始工作赚钱，我当时也曾犹豫和彷徨过是否应该放弃继续深造的想法，但我最终还是坚持了下来，成为湖南省第一个攻读呼吸病学博士学位的学生。我始终相信学习是一个充实自己的过程，只有脑袋里有更多的知识，才能更好地为病人减轻痛苦。我们国家乃至全世界都有那么多人在努力，我们应该向他们学习。知识是无止境的，我们要不断地探索和学习。2001年，我赴美国爱荷华大学(University of Iowa)作博士后研究，我深知时间有限，应抓紧一切时间努力学习新技术的道理；在美国期间，我大部分时间都待在了实验室里，或做科研，或与同行们讨论最新研究动向，或向其他研究员学习新技术。虽然只有不足两年时间，但我认为自己获益良多，因而回国后，我进行了一系列呼吸疾病方面的研究，都取得了不错的成绩。天道酬勤，在这条勤奋和坚持铸就的路上，你总能收获自己想要的风景。

1995年，我开始招收医学研究生，为了督促学生们的学习，我每周都会抽出一下午的时间召集在读研究生进行科研会，了解学生们每周的工作生活。在会上每一位学生都会对这一周的学习及实验成果进行汇报，对遇到的难以解决的问题进行讨论，并制订下一周的学习计划。20年来，我们的科研会从未间断过、这种学习方式不仅解决了学生在学习中遇到的困难，敦促他们养成良好的学习习惯，也能够让我自身不断地查漏补缺，接受新的思维和知识观点。

"千万不要在该吃苦的时候选择了安逸！"这是我经常在我的学生面前讲的一句话。作为一个临床工作者，应该培养自己对病情变化处理的能力，勤于对病人的病情进行思考，多查阅文献、追查结果，第一次遇见的病种一定要看书。作为一个科研工作者，需要及时补充新的知识与技术，每日阅读文献是基本要求。同时我们也要学会对实验中存在的问题进行积极地思考，对每一个研究结果都要尽力做到知其然且知其所以然。

三、博闻广知，独立创新

医学研究生最重要的特质是"研究"，而研究的重点是博闻与创新。只有博闻了，才能找到创新的切入点。我一直都认为，除了文献资料外，各种国内外学术交流会也是拓宽视野、博闻广知的方式之一。因此，我十分支持学生们参加各种国内外学术交流会。在这种交流会上，我们不仅能够学习到充足的知识，同时也能够接收到不同人的思维方式与观点，打破自我的思维局限，为科研创新提供新的切入点。

科学的进步在于不断地发现与创新。我常常对我的学生讲："科学研究不在于你采了多少种标本，不在于你使用了多少种高难度的技术手段，而是你的研究是否给别人提供了新的观点和角度，能够让其他科研工作者从中得到启发。"我始终认为，学生的独立学习能力及创新能力是需要不断地被鼓励和开发的，因此，对于他们提出的想法和观点，只要能够说服我，我都会尽力支持他们去进行探索。只有这样，才能培养和发展他们独立创新精神。

此外，一个人的力量始终是有限的，团队的力量是不容忽视的。一台手术不仅需要手术者，同时也需要麻醉师、护士以及医院其他科室的配合，科学研究及科室的发展也是如此，只有团队的整体水平提高了，才能真正做出高质量且有效率的科研成果，才能让整个科室甚至整个学科得到发展。医学是十分忌讳个人主义的，在医学教育中，作为老师，我们应该时刻注意提醒学生们这一点。

"公勇勤慎、诚爱谦廉、求真求确、必邃必专"是我们湘雅的精神，更是我们医学工作者所必备的品质。《大医精诚》里认为，真正的医生，其医术"必须博极医源，精勤不倦"，医道应"见彼苦恼，若己有之，深心凄怆"，不得"自逞俊快，邀射名誉"，这也是我这一生的追求。

至此，写给所有医学研究生：愿你以梦为马，不负韶华。

舒 畅：
外科学研究生教育之管见——浅谈传承与创新

回顾自 2000 年成为外科学研究生导师以来，虽然已经培养硕士和博士研究生共 50 余名，培养国际和国内血管外科专家 200 余名，然若要我谈起培养的经验，实在不敢妄言，只能就培养研究生过程中发现的问题谈谈个人的体会和想法，不足之处，请各位同道批评指正。

从临床医疗实践的培养来讲，外科的研究生培养与其他学科研究生的培养不同，它除了对医学生的医学知识和技能方法的培养外，更是对一个医学生手、眼、身、心的培养。为何这样说？众所周知，要成为一名优秀的外科医生，需要终身不断地努力和进步。一名好的外科医生必须有内科医生扎实的医学功底，再加上不断更新和发展的外科手术技艺；既要有内科医生缜密的逻辑思维，又得有熟练和敏捷的手术技巧和随时洞察术中发生的和可能发生的一切应急情况，特别在血管外科患者血管破裂大出血等生命的危急关头，必需沉得住气，心静如水，才能做出正确而及时的处理，挽救患者的生命。因此，成为一名外科研究生，既需要有很好的基础医学知识和外科技术基本功，又需要在面对不同患者术中出现不同的情况，做出不同于以往任何一台手术的决策，这就需要有创新，特别是外科学的新技术和新方法。新技术日新月异，需要我们不断地学习、传承、实践和创新的能力就尤为突出。作为一名外科学教授，在培养研究生时，时刻都得对学生的手、眼、身、心进行身体力行的教育和培养。

　　每次与国内外有杰出贡献的外科专家们谈及如何才能成为一名好的外科医生时，得到的答案基本上是一致的，那就是：有扎实的医学根底，还能不断地更新外科技术和技艺，尽力在每一台手术、每一个病例的诊治中发现问题，并能提出问题和找到解决问题的技术和方法，甚至还能发明和发现新的技术、手术器械和设备，最终回归到临床实践之中。纵观国际上成名的外科大家，无一不是有自己的发明创造、有自己发明的手术方法和技巧、有研制出的新的手术器械。各种外科手术器械的名称基本上都是外科大家们的名字。

　　具体到临床方面，培养外科学研究生时，需要有针性、因人而异的培养模式。培养专业型外科研究生，则目标在于为临床培养出一名有较好的实践能力的外科大夫，需重点考察和培养他的外科临床思维和技术。如果是培养一名血管外科专业的临床型硕士，则需强化培养和训练他对血管外科疾病的整体认识和各种血管外科手术技术和技艺的训练，前期主要是传承为主，手把手地教，一个一个术式地学，此外还需要教会学生对外科临床科研数据的收集和整理，如何应用各种统计学方法，对临床实践进行科学的前瞻性或回顾性研究，以培养这位外科学硕士毕业后走上工作岗位，能独立拿得下血管外科疾病的基本手术，做得了外科临床的科学研究和方法的总结，让他在将来的临床实践中再从个人的体会中得以新的创新，所以整个培养过程的始终是手、眼、身、心的全面培养。若培养一名学术型外科研究生，则目标在于不仅是要培养出一名能拿得下基本外科手术的临床医生，而且要培养出一位有较高层次的临床和科研结合在一起的研究型外科专家，那除了前面阐述的基本的手、眼、身、心的培养外，还得引导他对其外科专业的过去、现在和未来有一个清晰的认识和知识的全面掌握，让他知道这个外科专业是从何而来，目前发展的现状如何，国内和国际上的格局如何，行业领域内哪些是成熟的技术和技能，哪些是需要不断创新和发展的方向。除了临床实践研究外，如何进行更深层次的结合到医学基础的研究，为在对外科疾病的本质和治疗理念上的突破性的创新方面打下研究的基础。

　　从对外科研究生的教学和科研的培养来讲，外科学研究生也有着不同于其他医学学科研究生的独到之处。众所周知，外科医生的起源是理发师，最早的外科队伍的建立是源自理发师这个队伍，先是对体表的脓包疖肿的治疗，发展到今天开颅入心，换肝换肺换血管。无不有一个言传身教的传承过程，特别是要让一名刚入门的外科学研究生，培养成为一名能拿得下本专业最高端手术的专家，必须经过严格的训练和很长时间的培养。导师在给学生的教学过程中，让其知道完成一台外科手术，需要团队整体的配合和协调，各司其职，才能取得较好的临床效果。如一台大的手术，需要术者、一助、二助和三助。作为一助、二助、三助，必须明白他的任何操作都是在为术者提供最优的视野、最好的暴露和最好的配合，而不是只考虑自己能看到什么，不能擅自作出对手术的决策，应当好配角；而作为术者，则必须看到他的手术的完成需要发挥集体的力量，调动助手的积极性和最大程度地让助手进入到团队作战的状态，而不是一人独大，天马行空。绝大多数手术大师，在手术台上表现出的风范多为大将风度，优雅而不失果决，严谨而不失风趣。从来没有看到哪位成功的手术大师在台上么三喝四，遇到手术的危急关头就手忙脚乱、顾此失彼的。因此，外科研究生的培养从一开始就是耳濡目染，手、眼、身、心同时都受到了培训和教育。所以说，一个好的外科团队培养出来的医生是懂得如何团结协作、如何组织和管理共事团队的分工和配合的。

师者，传道授业解惑也。这句话在外科研究生的教学培养中尤显突出。既要对学生的手、眼、身、心进行全方位的培养，还得讲究培养的火候，不能在一个外科研究生刚刚进入到培养过程中就长篇大论，各种条条框框一大堆，让其无所适从，而应该是适当的时候予以启发。可谓不启不发，也不可启而不发，在临床教学实践中适时予以点拨，则能收到事半功倍的效果。一个好的外科专家，必须具备以下能力：有很好的医学根底和优秀的外科技术，刀得开得好，即能做；有很好的阐述和表达的能力，做讲座和报告时要言之有物，高屋建瓴，即能讲；有很好的医学写作水平，能科学地总结出临床和实验中发掘出的宝藏，让国内外的同行能够知道你所做出的成果，这就要求要有很好的中文根底和医学英语根底，即能写；有很好的外语水平，不单单能与国内的同行能进行很好地沟通，还能和国际上的专家们沟通，即能交流。因此，外科学研究生的教学培养从一开始就是全方位的，不能有盲区，否则就难以成为外科学的大家。

外科学研究生的科研必须紧密地结合到临床上，一般是从临床中发现到问题，然后就临床发现的问题进行深入到基础医学的研究。譬如主动脉瘤疾病手术的研究，在临床中经常可以发现到主动脉瘤有不同的病理类型，所以外科的治疗有不同的手术术式和方法，而这些手术和方法基本都是临床实践中外科医生们多年实践得出的经验的积累，若深入到目前的手术方法是否真正的与原发疾病的病理基础治疗相适应，就有大量可以进行科学研究的工作来做。因此，在科研上也体现出既要对传统的外科进行有效地传承，又要对新的治疗术式和方法，用目前基础医学领域的最新进展来进行深入创新和探讨。那么就可以在传统的外科治疗方法上进行改革，发明出新的手术器械和材料，这也是为什么国际主动脉外科新的医疗器材不断涌现、老的材料和方法不断被更新、主动脉疾病微创治疗的领域不断扩大的原因所在。

  外科研究生的培养除了从临床、教学和科研上都需要传承和创新外，还必须有国际视野。由于外科是一门需要亲力亲为、动手动脑的临床实践的学科，各种技术和方法时时都在更新和发展，我们就必须要有不断地从国内外同行中学习和总结新的技术和方法的能力，这样才能立于外科行业领域的前沿。中国有着大量的外科患者，除了常见病外，各种疑难杂症也经常遇上，所以提供了巨大的外科实践空间，加上目前中国经济的飞速发展和强大的国力带来好的契机，也让中国的外科医生们能有更多的动手和动脑的机会。外科是一门需要技艺的学科，因此，只要不忘医者的初心，做到心中有梦，中国的外科医生们完全可以通过勤劳的双手和智慧的大脑，获得比其他国家的同行更多的经验和体会，成为行业领域的世界领军人物。这也是为什么近些年来，中国的外科医生们走出国门，赴世界各地进行手术示范和讲学的机会越来越多的原因所在。随着时间的积累，相信我们外科研究生的教育和培养也将逐步跨入世界强国之列。

下篇

李 玲：
想与研究生辅导员说的话

医院研究生教育历经40个春秋，我作为一位研究生教育管理老师，有幸参与其中25年的管理工作，迎来一批又一批学子，送走一个又一个毕业生，伴随着他们的成长，我也在工作中得到磨炼、积累和提升。如果你要问我25年研究生管理工作最深刻的体会是什么？我会毫不犹豫地回答你"爱心、细心、耐心是老师必备的素质"。在湘雅二医院研究生教育的花园中，百花吐艳，硕果累累，这些都离不开管理老师的辛勤耕耘。

走上研究生辅导员岗位，如何胜任本职工作？我从五个方面来谈谈。

一、力求熟记学生

每年迎接新生的准备工作中，我有一项准备是阅读学生花名册，预先熟悉学生姓名、所属学科专业、导师。在学生进入医院后尽快地对号入座，识人辨像，了解特征，在反复多次接触中，加深对学生的印象，就像医学生先有理论学习，再有临床实践，在不断地临床实践中巩固理论知识。看似小事一件，但起到的作用有两个方面：一是迅速拉近老师与学生的距离，学生知道老师认识他，他就更愿意与老师交流；二是方便管理工作，无论在办公室、病房、宿舍或路上，认识学生便可以随时交流、了解情况，提高管理效率，增进师生友谊。至今还有医院的教授提及"我当初来读研究生，刚进医院李老师就能叫出我的名字，感到好吃惊，好亲切，佩服李老师的记忆力"，殊不知那是做了功课的。

二、抓住学生重点

重点有两头，一是具备组织能力、社会活动能力、积极进步的骨干生；学习成绩好、临床能力较强的优秀生；擅长写作、体育、舞蹈、唱歌、主持的特长生。学校、医院或支部的各种活动，在形成方案后，交由学生骨干为主组织执行，老师协同指导督促，完成各种有益身心健康的活动，可以增强研究生的集体凝聚力和荣誉感。换个角度可以说，学生也在帮助老师完成大量管理工作。二是问题学生、贫困学生、特殊疾病学生。这个群体极小，人数极少，但如坐视不管或管而不细，极易成为不稳定因素的来源。尤其特困学生及精神疾病学生每年都有，这类学生往往由于家庭经济的拮据、生活的艰难或疾病的困扰，给他们的学业和生活带来很大的压力，管理工作者除了向上级部门和领导汇报，争取最有效的解决方法外，就是给予他们最无微不至的关怀。这项工作烦琐、复杂、耗时，需要老师付出最大的耐心和爱心。记得我曾去宿舍监督精神病疾患学生按时服药，也为贫困生解决入职报到服装问题等，而我并不认为这些事是微不足道的。

说一个小故事。有位研究生来办公室咨询勤工助学岗位，该学生身材小巧，衣着朴素，其貌不扬。在详问后得知，她家祖辈农民，靠天吃饭，生活极为困难，但家中三姐弟个个发奋图强，勤学苦读，妹妹就读于天津医科大学，弟弟就读于上海交通大学。除学校政策能给解决部分经费外，她从大学起就利用课余时间做过家政、卖报纸、家教、校内勤工助学等工作。我很快按学校规定安排了她从事研究生助理的管理岗位，她很好地履行了岗位职责，不怕苦、不怕累，经常加班加点协助老师出色地完成每项工作。那时每月只有50元左右劳务费，她每月从中拿出15元资助妹妹的大学生活。临近毕业时，她在广东一个经济较发达的城市找到了工作，我从心里替她感到高兴，想临别时送个小礼物以表祝贺，看她春夏秋冬的穿着都是那么朴素陈旧，像个中学生一样，我就去商店为她买了套新衣，并嘱咐她去单位报到的那天一定换上这套衣服，因为广东经济较发达，担心她被以貌取人的肤浅人轻视。在感恩节的那天，她给我发来一条短信："亲爱的李老师，感谢您走进了我的生命，为我的人生点亮了一盏明灯，使我能在人生的道路上顺利成长，今天是感恩节，老师对我的教育和帮助，学生铭记于心。"直到今天，每逢佳节她都会给我发来美好祝福，作为老师，我感觉自己所付出的一切值了。

三、深入学生宿舍

我刚上岗时，全院在读研究生共三四百人，数年后迅速扩增到千余人，管理工作量翻倍，管理老师却未增加。无论白天工作多忙，我总是会抽时间进行晚查房，深入学生宿舍。有时带着工作去，如解决学生各种问题，包括同学之间发生矛盾、工作生活上有困难、与宿舍管理老师发生冲突、违规使用电器、对患病学生慰问等。有时不带工作去，大家坐在一起谈天说地，谈社会、谈医院、谈家庭、谈个人，无所顾忌，欢声笑语，从交谈中会获得有益提升管理工作的信息，更熟悉学生特点。"人从心上育，水从根上浇"，虽然辛苦，但避免了"挑沙填海空费力"的管理。

四、工作动力源于学生

人是有血有肉有情感的高级生物，老师的所作所为必会在学生的内心世界产生反响，来自学生的认可、信任、赞同，都是对管理老师最大的心理支持，最大的工作激励。我常常会想，学生这样肯定我们，我们还有什么理由不尽心做好本职工作，我们还能再为他们做点什么？也正是因为学生的信任，他们在学业完成过程中愿意听取老师的教诲、接受老师的批评、采纳老师的建议，师生齐心协力，才能使我20多年的研究生管理工作无差错、无事故，多次获得医院和学校的好评，直至2015年退休，职业生涯画上了圆满的句号。

五、如何处理犯错误学生

人在年轻时谁不犯错误,只要能及时认识错误并纠正就好。对待学生的违纪违规行为,不能听之任之、视而不见、听而不闻、闻而不动,要与学生交流,多听他们的陈述与想法,从中找出问题所在,帮助他们分析错在哪里,为什么错了,应如何对待,指明纠错的办法。在问题处理上参考校纪院规,根据错误的性质和程度,做到"教育从严,处理从宽",只要公平公正、合情合理,学生会更容易接受,并且能使学生在犯错后快速成长、快速纠正,经过摔跤学会了走路。

"十年树木,百年树人",走上研究生管理岗位,就踏上了漫长的育人之旅,只有敬业爱生,才会真正关心学生的健康成长,竭尽全力地去做好学生管理工作。

点滴工作体会,与大家共勉。

徐迅迪：
我的研究生教育之路

我于1998年获得笹川医学奖学金资助赴日本京都大学医学部第二外科学习，之后又转赴日本大阪大学医学部消化器外科（原为第二外科）攻读医学博士学位，于2004年毕业后重回湘雅二医院工作。

一、在日本学习的经历与见闻

在日本学习期间非常荣幸地能够在日本顶尖的两所大学学习，京都大学

和大阪大学在日本分别排名第二和第三名，同时还接受了名师的指导。当时我在京都大学的指导老师山冈义生教授为再生医学研究所所长。2012年荣获诺贝尔奖的山中伸弥教授仍任职于该所，其对干细胞的开拓性研究就在该所完成。当时的医学部长本庶佑教授于1992年发现了PD-1，该研究成果目前正风靡全球并广泛应用于临床，为战胜癌症带来了希望，也为众多肿瘤患者带来了福音。我就读的大阪大学医学部也是大家云集。如前校长岸本忠三先生曾经是血液内科教授，他率领的研究团队发现了白细胞介素6，为免疫学的发展做出了极大贡献，目前大阪大学医学部的免疫学排名世界第一。大阪大学医学部消化器外科已有140多年的历史，最早由德国人创办，该科为日本培养了大批优秀的医学专业人才。如出自该科的日本顶尖科学家中村祐辅现任美国芝加哥大学终身教授，曾任东京大学医学部教授，在遗传学以及肿瘤生物学领域贡献卓著，已发表论文近1200篇，其中发表于 *Nature* 17篇，论文被引用近11.7万次。目前在日本国内有11位消化器外科专业教授出自该科。已广为传播的电视连续剧《白色巨塔》就是反映了该科20世纪70年代的生活工作场景。我的博士研究生指导老师是前任日本外科学会会长，癌学会会长，大阪大学副校长，有明癌医院院长，现任日本医学会会长门田守人先生。当时就读期间，门田守人教授对消化道肿瘤的研究予以了高度关注，并专门成立了一个研究小组——分子结合外科（molecular based surgery），通过多年的努力，该研究小组获得了一批科研成果，同时也奠定了该科在日本医学界的学术地位。该领域也是我心仪已久的研究方向，通过该课题小组的学习与研究，我得以在肝细胞癌方面有所涉猎、学习、了解，并从事了一些基础工作，同时也在我的人生旅途中增添了一项新的元素，从此踏上"不归路"。该科现任主任森正树教授目前担任任日本医学会副会长，日本癌学会会长，日本外科学会会长，已发表SCI论文千余篇，其中在顶级杂志包括CNS以及 *New England Journal of Medicine* 等杂志十余篇，尤其是在消化道肿瘤干细胞领域造诣深厚，此前被聘为我校名誉教授，他的加盟有望为医院的学科建设注入新的动力。

二、日本的研究生教育体系

日本的国土面积是37.8万平方公里，大小相当于我国云南省。人口是1.2亿左右，医学院校有70余所，其完备的医疗体系为医学的发展提供了强有力的支撑。日本的医学教育包括大学本科教育、研究生教育和继续教育三部分，其中研究生教育是大学的核心部分。医学生完成 6 年的大学本科教育后，即安排在公立医院进行临床培训，2 年后再通过考试回大学的研究生院学习博士生课程。博士生教育阶段没有专门的课程和教材，这是与本科生教育最大的区别。但是博士课程毕业必须有 SCI 论文的发表，并经教授认可后提请教授委员会，通过后学生方可进行毕业论文答辩。博士课程期间学生既要完成一定的临床工作，也要进入实验室完成各自的研究课题，学生根据学科的发展方向，在导师的指导下完成实验以及论文的写作，因此师资水平的优劣决定了博士生培养的质量。京都大学和大阪大学医学部的每个科室均有独立配套的实验室，我想特别指出的是大阪大学医学部的所有高端实验设备均放置在一栋专门的大楼——公共研究栋，24 小时公开开放，所有仪器的使用只需提前登记预约即可，仪器旁边均附有文字或图示说明使用方法，简单明了，帮助使用者运用和掌握。如果机器出现故障可随时联系管理人员进行处置或修理。这样既提高了贵重仪器的使用效率，还减少了重复投资和浪费，从另外一个角度反映了师生员工的素质，令人惊叹。近 20 年来日本的研究生教育反复强调了对创新型人才的培养，由于日本政府重视和研究生教育体系完善，为创新国家的建设提供了重要帮助。创新的理念已不局限于大学校园，还渗透到了企业，从而极大地推动和促进了日本的进步。

三、我对研究生教育的粗浅认识

研究生教育尤其是博士生教育是人生受教育的最后和最高阶段，它有异于应试教育，旨在通过职业训练尤其是科研训练，帮助学生掌握基本的科研理论、方法与手段，为解决医学难题、探究医学真理提供人才储备与支撑。医疗、教学和科研乃教学医院的三大基本职能，三者并非独立或切割的，通过研究生的教育可将三者融为一体。医疗工作包括基础公共服务及高端技术服务，基础公共服务可由基础医疗机构如社区医疗、公共医疗机构完成，作为大学的教学医院应定位于解决疑难病症，探索新的医学未知及创造新的诊治方法与手段为主要职能。因此，医学研究生教育是在基于医学问题基础上，运用现代科学理论和技术手段对其进行探索和研究，找寻新的解决方法，同时培养研究型创新型人才，如此往复，生生不已。我认为，大学教学医院医疗工作是基础，人才培养是中心，科研创新是最高要求。科技创新成果最后再反哺医疗和教学工作，从而推动和促进医学事业的进步与发展。

十余年来，我由学生转变为研究生的导师，与其说是荣誉，不如说是责任、压力与担当。在培养研究生工作中既要因人而异，也要严格要求。研究生教育中学生之间差异较大，很大的原因是基于学生的期许与目标要求不同，每位学生都有极大的潜能，关键是能否激发和调动。获取研究生学位仅仅是一个标志，其中培养学生对科学研究的兴趣、素养和能力才是研究生教育的基本内容。合格以及优秀的博士研究生应该掌握科学研究这门技术，在获取职业生涯更多支撑与储备的同时，还可借助它用以书写各自人生的医学故事。

时下，科教兴国、建设创新型国家已成为我国的治国纲要，因此科技和教育工作者承担了新的历史使命。尤其是建设双一流大学的要求，对我们医学教育工作者提供了新的机会。如前所述，京都大学和大阪大学能跻身于世界一流大学之林，最为关键的就是由一流的人才做出了一流的学术贡献。

我国改革开放40年来，又重新恢复建立了研究生培养制度，随着国家的进步和发展，该制度也在不断地完善。近来由于对科学研究以及人才工作的日益重视，科研经费的投入在不断增加，研究生尤其是博士研究生的要求在不断地提高，一流的科技成果也在不断涌现，这些方面已呈现后发赶超的势头。风好正是扬帆时，不待扬鞭自奋蹄，只要我们瞄准双一流建设目标，脚踏实地、锲而不舍、久久为功，建设创新型国家的目标一定能够实现。

黄　金：
应用积极心理学引导研究生形成积极人格

研究生培养是高等教育的重要任务，研究生导师则是实现研究生高质量培养的关键。导师除了向学生传授知识和方法，还需要满怀服务意识，保持自觉指导的精神风貌；需要积极转变指导方式，切实提升指导能力；需要充满智慧地关爱学生，着力建立良好的师生关系。下面就谈谈导师应如何引导研究生形成积极人格，从而更好地促进研究生个人发展，使其获得幸福感。

一、积极心理学理论的实质与内涵

积极心理学（Positive Psychology）是 20 世纪末西方心理学界兴起的一股

新的研究思潮，其创始人是美国当代著名的心理学家马丁·塞里格曼（Martin E. P. Seligman）。谢尔顿（Kennon M. Sheldon）和劳拉·金（Laura King）认为："积极心理学是致力于研究普通人的活力与美德的科学。"这一定义，说出了积极心理学的本质：研究人类积极的品质，充分挖掘人固有的、潜在的、具有建设性的力量，促进个人和社会的发展，使人类走向幸福。积极心理学涉及三个主要研究领域：积极的情绪和体验、积极的人格特征、积极的社会环境。还提出了三个研究目标：心理学不仅要关注人的弱点，还要关注人的优势；不仅要致力于修复损伤，还要致力于给人力量，应该对生活中好的东西感兴趣；应该在关注病人的同时，努力让正常人以及"天才"们的生活更加美好。积极心理学倡导要以更加欣赏和开放的眼光去看待人类的潜能、能力以及动机，去研究人的积极品质，在强调人的价值的前提下关注人的生存和发展。同时，强调每个人自身都存在固有或潜在的积极品质和积极力量，通过正确的引导，就能激发人们积极的心态，并获得幸福感。

二、当前研究生面临的压力分析

压力指的是个体所认知到的威胁。当个体在一定的情境或者压力源中认知到威胁时，情境或者压力源就会给个体带来压力感。专业学位研究生在面临课程学习、课题研究、论文答辩和择业就业等诸多任务的同时，还必须要参加见习、实习等实践活动，导致课题研究时间受到很大挤压，职业期望与客观现实存在一定落差，这无形中会给其心理带来较大影响。研究发现，当代研究生压力主要有八个方面，包括论文要求压力、专业发展压力、相貌和经济压力、环境和心境糟糕压力、学习任务压力、担忧未来压力、人际孤单压力、身体健康压力等。其中，最常见的心理问题依次是学习压力问题（88.3%）、就业去向问题（60.2%）、情绪问题（58.6%）、情感问题（57.8%）和人际交往问题（54.7%）等。而影响专业学位研究生心理问题的主要因素是学习时间与其他活动时间矛盾（54.0%）、自我调节能力差（54.0%）、经济问题（51.6%）、就业压力大（42.9%）、对自我的认识不明确（42.1%）、与导师需求矛盾（30.6%）等。史戴芬妮的研究还发现，男性研究生压力和抑郁程度均高于女性研究生。压力、抑郁情绪与就业市场的失业率呈正相关。

黄涛等对浙江省10所高校500名硕士研究生进行了问卷调查，发现抑郁检出率为15.6%。朱研和李志平研究发现，医学研究生有健康危险性压力者达42.33%，有抑郁症状者6人（1.23%）。另外，医学研究生有近1/5存在不同程度的心理问题，并且其检出率在近5年呈逐年上升趋势，该群体的心理健康问题不容忽视。抑郁和焦虑的评分在近5年逐步上涨，抑郁障碍和焦虑障碍的检出率也逐年增高，该群体客观存在的焦虑和抑郁问题值得重视。医学研究生群体的心理问题集中表现在人际交往不协调、情绪多变和强迫倾向；心理问题的主要影响因素有父亲文化程度、本科院校层次、家庭居住地等；农村来源的研究生焦虑状况比城市学生更严重。

综上所述，随着社会的迅速发展、经济水平的提高和物质生活的不断丰富，人们所面临的压力越来越大，尤其对于处在人生转型阶段的研究生来说，他们在享受"文凭光环"的同时，承受着繁重的学习、科研任务和巨大的生活压力，容易出现负性情绪、焦虑、抑郁甚至自杀等心理问题，如何减轻研究生的各种压力、避免诸多心理问题是研究生教育值得探讨的问题。

三、积极人格与积极心理学

人格是人的核心思想和稳定思想，积极人格是积极心理学研究的一个重要内容和概念。积极心理学认为在每一个人的内心深处都存在两股抗争的力量：一股力量是消极的，它代表压抑、侵犯、恐惧、生气、悲伤、悔恨、贪婪、自卑、怨恨、高傲、妄自尊大、自私和说谎等；另一股力量是积极的，它代表喜悦、快乐、希望、负责任、宁静、谦逊、宽容、仁慈、慷慨等。这两股力量中哪一段都有可能胜出，关键是看个体自身到底是在给哪一股力量不断注入新的能量，在给哪一股力量创造适宜的生存心理环境。

积极人格特质是任何事情成功的基本要素。积极人格特质培养是伴随积极心理学而逐渐发展起来的，主要是指以学生潜在的心理力量为研究中心，以学生的个体发展为出发点，在教学过程中增强学生积极的教学体验和生活体验等一系列活动，从而强化个体自信、自尊、自强、积极、乐观、阳光和感恩等积极人格特质。积极人格特质的培养要求导师以一种欣赏的眼光和开放的态度看待学生的潜能、动机和能力，强调导师在教学活动中以及师生相处的生活活动中与学生进行精神互动和交流；积极人格特质的培养要求导师应该从正面而不是从负面界定和研究学生的心理健康问题，研究和培养学生自身存在的正面心理品质，而不是过多进行消极层面心理问题的纠正。其最大的特点就是以积极的研究视角和解释视角，发现和解读问题的积极方面，采用多种互动和交流途径相组合，以积极的态度和积极的语言提供积极的情感体验，进而达到用积极的反馈强化积极的效果，塑造学生积极的人生观和价值观的目的。

四、引导研究生形成积极人格

人格的形成主要依赖于后天的社会生活体验，如父母的教养方式、个体自身的生活经历、教师的教育风格以及社会媒体的宣传等。尽管人格没有好坏之分，但积极的人格能够促使人更加客观、辩证地看待世界、自己和他人，正确地对待顺境和逆境，朝着更加自信、自强、幸福以及自尊的自己迈进。因此，引导研究生形成积极的人格就显得尤为重要。

第一，培养良好自尊。自尊就是尊重自己，维护自己的人格尊严，不容许别人侮辱和歧视的心理状态，它是于后天环境中逐渐形成的心理，每个人都有自尊心。自尊心表现为自信、自爱、自负、自卑、偏执等，一个良好自尊的人表现为前两者，具有自信而谦逊、自爱而自强的积极表现，往往能够自己指导、管理、监督自己。在学习、生活、工作中难免遇到难题、坎坷、不幸、批评、压力、挑战等，要积极地应对、坦然地接受。美国心理学之父詹姆斯认为，自尊是个体在一些重要领域中对超越自己期待的成果的体验，这种体验可以用公式"自尊＝成功的结果/抱负"来表示。因此，要逐步引导研究生在学习、人际交往等日常生活的各个方面摆正自己的心态，调节自己的情绪，找准自己的定位，培养良好的自尊，为积极人格的形成奠定基础。

第二，引导积极思维。开展科学研究和书写论文是研究生培养的必要环节，也是研究生的重大压力源。因此有必要在积极心理学视角下指导研究生应用积极思维，把科学研究中提出问题、确立问题、解决问题到写出论文的过程，当成一个顺理成章、文以载道的有意义、有价值的过程。

第三，增进积极语言。研究生培养不同于以课堂学习为主的中学阶段，它更多地采用成人教学法，以讨论、报告、实践等方式为主。通过鼓励学生发言、写作，充分培养研究生利用积极语言表达个人的想法、意见的习惯，引导学生在表达构思中学会从积极的角度看待自身问题，从而培养积极的人格特质。

第四，营造积极体验。在积极心理学的研究领域中，积极体验是指所有能够激发个体产生倾向性行为或者接近性行为的情绪。引导研究生进行积极的学习、生活和工作，如分享读书报告、推荐参加学术会议并论文交流、书写及发表论文、拓展训练、技能竞赛、文艺表演等一系列活动，能够促使他们产生积极体验。同时，学会欣赏自我、爱护他人，既有助于研究生正确分析自己所处的社会地位和角色，避免由于定位不准而产生的消极情绪，也有利于他们正视自己所面临的学业、情感、经济以及就业等方面的压力，更加从容、自如地应对各种困难。此外，逐步引导研究生在闲暇之余理性地思考"我是谁"等哲学问题背后的意义，在实践与行动中反思，主动承担起对生命的追问，理性地接受和评价自己的经历，逐步形成积极、健康的人格。

第五，建立积极视角。对研究生开题报告、论文、课题申报等审阅和提出修改意见是导师指导的具体体现。在积极人格特质培养视角下导师的评阅意见不能仅仅局限于知识层面，需要关注学生的精神层面和思想感情层面。一方面，对研究生的进步与成绩给予肯定，增强学生自信，并且以鼓励性的语言帮助学生制订下一个发展目标；另一方面，针对学习和生活中出现的问题，注重积极层面的引导，以积极的语言强化积极的效果，弱化问题的负面影响。

第六，传递积极影响。导师会在无形中成为研究生模仿的对象。因此，导师需要努力完善自己的人格特点，并且善于运用自身积极的人格特点在日常的教学和生活中影响和感染学生，从而培养研究生积极的思维、积极的语言以及积极的视角。

肖　涛：
继承湘雅精神，把握时代脉搏，培养满足新时期需求的医学科研人才

国家的发展与建设离不开人才，国与国之间的竞争实质上也就是人才的竞争，尤其是高层次人才的竞争。研究生教育作为国民教育的顶端，是培养高层次人才的主要途径，是国家人才竞争和科技竞争的集中体现，是实施创新驱动发展战略和建设创新型国家的核心要素。高校的根本任务是培养和输送人才，特别是高端人才，这也是判断高校价值的关键因素。因此，我国建立了符合自身国情的研究生培养管理制度，培养了一大批优秀的高层次人才，为祖国的现代化建设和改革开放做出了卓越的贡献。

今年是中南大学湘雅二医院建院60周年，也是中南大学湘雅二医院开展研究生教育工作的第40个年头。作为20世纪90年代我院培养的外科研

究生，我从留校任教成为研究生教育者，到成为从事研究生教育的管理人员，回顾我院研究生教育的发展，结合自身的体会，感慨颇多。

我在1984年考入了当时的湖南医科大学，经过5年的本科学习、3年的硕士研究生、3年的博士研究生学习，再经过博士后的工作经历，最后走向工作岗位，深刻感受到了研究生教育对我的成长的重要帮助。如今作为一名高校教师、研究生导师，更多要思考的是如何培养符合新时期国家需求的研究生人才。

那么高校作为研究生培养的主体，要培养的是什么样的人呢？总体来讲，应该是"德才兼备"的人，这也是研究生培养的目标。"德"的方面是指具有良好的思想道德、坚韧的科研精神，以及一心一意为祖国发展贡献力量的研究态度。"才"指的是具有坚实的基础理论、系统的专业知识，具有创新精神，具有较强解决实际问题的能力，能够承担专业技术或管理工作，具有良好职业素养。"德""才"二者密不可分，缺一不可。没有"德"的支撑，"才"就会走偏；没有"才"的支持，"德"就变得空洞。"公勇勤慎，诚爱谦廉"，这是湘雅院训中对湘雅人"德"的要求，也是湘雅教育中"德"育的最好总结。先辈们筚路蓝缕启山林，栉风沐雨砥砺行。1905年，年轻的美国医学博士爱德华·胡美，受雅礼协会派遣，漂洋过海，携妻挈子来到长沙办医办学，将湘雅的种子播撒在湘江之滨，开创了我国中外合办高等医学教育的先河。湘雅这座医学圣殿，造就了我国近代医学史上最早的一批医学精英人才，1921年第一期湘雅毕业生——张孝骞、汤飞凡等10人，均成为中国现代医学专家和医学大师。八年抗战烽火遍地，老一辈湘雅人更是将"湘雅"精神谱写得可歌可泣。当时湘雅人组成医疗救护队、战时服务团，冒着烽火狼烟，救治军民伤员和难民于水深火热之中，其气节、其胆识可歌可泣。1938年，在张孝骞院长的率领下，先后迁徙贵阳、重庆、沅陵，辗转全国各地，其间一直坚持教学和医疗任务，直到1945年抗日战争结束，医务人员才陆续返回长沙。湘雅百年发展史，是中国医学百年历程的缩影。

"公勇勤慎，诚爱谦廉"是湘雅精神的凝聚："公"，树立一切为了人民健康的工作态度，天下为公；"勇"，讲的是责任和担当，既有对患者健康的担当，也有对国家医学发展的责任；"勤"，说的是刻苦勤奋的学习精神、探索精神；"诚"，指的是具有真诚、友善的待人接物的态度；"爱"，包括对患者的关怀，对弱者的帮助；"谦"，指的是谦虚、谨慎的治学态度；"廉"，指的是廉洁、磊落的行医行为。湘雅融汇西方现代医学精神和中国传统文化，形成了独具湘雅特色的医德、医道。科学严谨，大医精诚，以人为本，自主创新，追求卓越，是湘雅文化中的核心价值观，是湘雅人之所以取得巨大成就的源泉。

新湘雅人很好地继承了老一辈"湘雅"精神，充分体现在研究生培养教育之中。在研究生培养过程中，我们不仅仅是要继承"湘雅"精神传统，给学生营造一个高尚道德标准的氛围，还需要导师因材施教，对学生进行引导教育。因此，导师在研究生"德"育过程中扮演着十分重要的角色。研究生导师负责制是研究生培养过程中的一项基本制度。导师，作为研究生培养的第一责任人，肩负知识传递、道德熏陶和创新能力培养这三大基本责任。导师不仅要教会学生做科学研究，还要教会学生做人。导师的思想政治素质、治学精神、学术道德、人格风范，无一不对研究生形成直接影响，导师的气质、品质、人格以及治学中所体现出的良好态度与德行，对学生的生活、学习都有影响。因此，导师应该尤其重视学生"德"育，做到以德育人、以情感人。德育工作不仅应该贯穿政治理论课的教学过程，而且必须渗透在其他业务课程的教学环节中，还要渗透在学生的课外活动和平常生活中。近些年，高校研究生不断扩招，研究生导师数量也明显增加。然而，少数导师的学术水平、思想素质却并不一定达到了相应的要求。高校研究生教育要注重发挥研究生导师在思想道德方面的表率作用，强调在学术道德和人品方面对研究生率先垂范，就需要遴选德才兼备的研究生导师。搞好研究生导师队伍建设，是提高研究生专业水平和思想道德素质的关键前提。

在湘雅研究生教育过程中，如果说"德"育要求更多的是继承的话，那么"才"育要求更多的是体现在发扬和创新上。湘雅医学教育有着优良的传统，也取得过骄人的成绩。不论是77、78、79级连续3年全国联考第一，还是近年来连续3年全国医学大学生技能操作比赛特等奖，这些都彰显了霸气。然而，成绩已成为历史，辉煌也只是过去。如何对接新时期需求，实现研究生教育向服务需求、质量提高的内涵式发展转型，基本形成结构优化，满足需求，立足国内，各方资源充分参与的高素质高水平人才培养体系，培养出新时代高层次的医学人才，这是每一位研究生教育者面临的新问题。

我的理解是要培养既"接地气"，又"接天线"的创新型、研究型人才。"接地气"，一方面指的是掌握科学研究的基本方法、基本理论、基本技能，另一方面指的是充分了解医学需求，能够以解决医学需求为导向；"接天线"则指的是能够看到国家未来十年，甚至是二十年的发展方向和轨道，能够用长远的眼光规划自己的科学研究思路。目前研究生培养中最突出的问题是缺乏创新性，主要原因是学科模式单一、培养模式单一。培养创新型人才，首先要有创新型平台。因此,坚持以学科为基础,统筹各类优质资源,创新学科组织模式,构建跨学科平台,培养跨学科创新人才是我们近年来研究生培养事业的发展思路。

到2018年,湘雅医学研究生教育度过了40个岁月。在人的一生中,40年算得上一段不短的时间,但在人类历史的长河中,在近现代医学教育发展的历史中,这可能只是短暂的瞬间。毕竟现代医学世界还充满了无数个未知,人们探索其真相的道路还非常漫长,需要几代人继续探索,寻找答案。医学研究生将是这些探秘者的重要力量。只要我们继承和发扬"湘雅"精神,紧贴时代脉搏,不断完善研究生培养制度,就能为我国乃至全世界医学发展做出更大贡献!

李乐之：
开展与时代同行的护理研究生教育

护理研究生教育是我们培养护理管理、教学、科研及临床高层次专门人才和创新人才的主要渠道，更是促进护理学科发展，保证护理事业后继有人的大事。由于以往护理学科的定位是临床医学类的二级学科，一直未能充分体现护理专业的本质内涵与特色。1992年护理研究生教育启动以来，其人才培养也一直没有摆脱医疗的从属地位。随着2011年护理学成为一级学科，学科的发展呈现多元化，同时护理研究生教育也迈向了高速发展的快车道。

当今的护理研究生教育不再是仅仅培养单纯从事护理临床的专业型人才或是科学研究的学术型人才，而是能直接为护理事业服务的复合型人才。本人经历了香港的高等护理教育、泰国和中国的护理研究生教育，也曾在美国的大学担任访问学者，自 2004 年担任护理研究生导师以来，先后培养硕士和博士研究生共 80 余人，在护理研究生培养方面也有一些个人的体会和思考，在此和大家分享。

一、注重思想道德素养与专业精神培养的统一

身教重于言传，研究生与导师朝夕相处，导师思想道德素养和专业精神会对研究生产生潜移默化的影响。因此作为导师应该要秉承以德立身、以德立学、以德施教的教学思想，将思想道德教育与专业教育有机统一。首先，积极引导学生树立正确的世界观、人生观、价值观，鼓励其将个人的发展进步与国家和民族的发展需要相结合。其次，在学术科研过程中，引导和培养研究生求真务实的精神和严谨认真的治学态度，自觉遵守科研诚信与学术道德。此外，还要加强培养爱岗敬业的专业精神，支持和鼓励研究生多多参加社会实践和志愿服务活动，在服务人民与奉献社会的过程中实现自己的价值。再者，作为护理研究生导师，女学生比例相对较高，女生的情感相对敏感和细腻，因此需要更加注重研究生的人文关怀和心理疏导。研究生阶段的学生价值观大多已基本定型，作为导师可以晓之以理、动之以情，不必强求其刻意去改变，但是可以在入学前约法三章——什么能做，什么不能做，什么必须做。平常也可借助研究生读书报告会的机会，多与学生们交心，了解学生的思想动态。定期组织开展体验式教学或者户外活动，建立轻松的"导学"关系，充分发挥导师在思想道德素养与专业精神培养中言传身教的作用。

二、注重临床科研思维和创新能力培养的结合

研究生教育是以培养具有科学精神和创新能力为基本价值取向的教育实践。因此，我们对于护理研究生培养也应该更注重临床科研思维和创新能力的培养。

第一，对于临床科研思维的培养。我们先要正确理解护理科研与临床护理之间的关系，不能让学生为了科研而做科研，也不能只关注临床护理实践。我们培养护理研究生的最终目的仍然是为了推动临床护理更好地发展，

目前我们护理研究生的科研方向多偏重于心理学、人文社科类,缺乏护理专业特色,这使得部分护理研究生的培养偏离了服务于临床护理的轨迹,有一些护理研究成果在临床护理实际工作中难于被应用和推广。因此,我认为可以将科研思维与临床护理评判性思维充分结合,创新教学模式,丰富教学手段,加强PBL教学、案例教学和循证护理实践等在护理研究生教育中的应用。同时护理科研论文与课题研究应该以临床护理问题分析、护理技术和方案创新等为主,将现有护理及相关学科理论运用于临床护理实际问题的解决,实现理论教学与实践指导之间的平衡。

第二,对于创新能力的培养。由于护理科研开展相对较晚,目前还处于一个不断探索的阶段,常常容易陷入"四简"的误区,即简单移植、简单揭示、简单延伸和简单推理,护理研究生也时常会出现这种状况。但其实作为青年人的研究生,其记忆力好、思维灵活,更易于接受各种新观点和新知识,在培养过程中导师可以侧重于对研究生的学习方法、科研方法、论文撰写方法等进行启迪,培养其独立进行科学研究和撰写论文的能力,并且不断为其提供护理前沿的新颖观点和新鲜知识,促进研究生独立自主地开拓新的护理研究领域和创新护理研究方法,也可以定期邀请相关交叉学科(如临床医学、统计学、公共卫生等)的导师进行指导。当学生迸发出新的灵感和想法时,一定要给予充分的鼓励和帮助,引导其寻找答案。创新是事物发展的驱动力,但创新从来不是一件容易的事,尤其是护理科研的创新,需要的不仅是才华、勇气和毅力,有些甚至需要付出毕生的精力。

三、注重团队氛围和学术交流平台的构建

无论是科研思维的建立,还是创新能力的培养,都离不开一个有利的学习环境,因此一个学术气氛浓厚、治学严谨、鼓励创新、求真务实的学习环境十分重要。而一种环境和氛围的建立往往是几代人不懈努力的结果,我们只有不断地分析总结,将研究生科研思维及创新能力的培养形成一套系统工程,才能不断引导师生共同营造良好的学术环境。

首先,凝聚人心的团队氛围是师生共同奋进的源动力。因为研究生来自五湖四海,年龄、性格、生活习惯迥异,作为导师可积极促进年长学生与年轻学生的优势互补,倡导团队成员相互帮衬,使学生间形成数倍递增的合力效应。其次,要做好团队内学术梯队的构建与匹配。第一梯队以导师为学术带头人,第二梯队以博士研究生为学术骨干力量,第三梯队以硕士研究生为

学术发展力量。学术团队内定期以研究生小组的形式开展课题研究，让学生参与课题组管理，形成互助的学术氛围。通常博士研究生专注于某选题的理论研究，硕士研究生侧重于统一选题的工具研究，遇到问题共同商讨解决，使博士研究生发挥其在研究组的主导型角色作用，获得科研与管理能力的提升。而硕士研究生也可因与博士研究生同处于较高水平的平台，获得学术能力的显著提升。再者，作为导师也应注重团队的发展和效益，每学期初应制定明确的短期目标和详细的长期计划，使团队的长远发展目标与当前任务相结合。

努力搭建良好的学术交流平台。学生有了好的想法，具备了一定的能力，这时候就需要一个合适的平台来提升和检验学生的能力。自2004年招收研究生以来，我先后送出多名护理研究生参加国内的护理学术交流，3名护理研究生赴爱尔兰、美国等国进行护理学习和研究。但相较于医学研究生，毫无疑问护理研究生外出学习交流的机会非常有限。所以，作为导师和学校应该创造更多的条件，将护理研究生送出去开拓国际视野，向先进学习，或是引进国内外有影响力的护理教授专家联合担任研究生导师，通过联合培养、科研合作或学术交流等方式，让更多的护理研究生获得出国学习或是参与到国际护理研究的机会，从而建立先进护理理念与护理研究之间的联系。

随着人们健康需求领域的不断扩大和护理学科自身的迅速发展，护理学的重要性和独立性日益得到广泛认同，这为护理学科的发展提供了新的契机，同时也提出了更高的要求。护理研究生教育作为我国护理教育体系中最高层次的教育，目前处于一个高速发展转型的阶段。但不可否认的是，由于发展时间有限，我们的护理研究生教育与发展成熟国家相比还存在一定的差距，比如：护理研究生培养目标不明确，评价体系不健全；护理专业特色不明显，新兴领域涉及不够（比如护理经济、护理信息、公共卫生政策等新兴交叉学科领域等）；专业定位尚不明确，护理不同层次岗位设置不明，在国外护理专业研究生毕业后有明确的岗位方向，即高级实践护士（APN），而我们对于护理专业研究生并没有明确的岗位设计和角色定位，部分研究生毕业后成为临床护士也不能充分发挥他们的学术优势等。诚然，路漫漫其修远兮，护理研究生培养之路任重道远，但是我相信，只要每位护理研究生导师和学生为之殚精竭虑，时刻与时代先进理念同行，积极投身到护理一流学科的建设中，我们的护理学科也能跻身于国内和国际先进学科行列。

吴尚洁：
有感于传承——湘雅精神之瑰宝

导 言

从 2015 年 7 月开始，我们陆续专访了我院老一辈研究生导师，内科学伍汉文教授，外科学孙材江教授、傅荫宇教授，妇产科林秋华教授、儿科学易著文教授，并以《师德"大家"谈》的形式在医院院报上进行了系列报道，在我院研究生导师及研究生中反响很大，不时有研究生导师或研究生们来研究生

部畅谈读完《师德"大家"谈》后的感想。大家都觉得通过老一辈导师们的谆谆教诲，明白了重视和加强研究生教育培养的重大意义、导师责任的任重道远、研究生阶段培养的真正意义等。这正是我们邀请前辈开展《师德"大家"谈》的真正目的，并希望在此基础上，我院师生们共同重视研究生教育，开展真正的"师德大家谈"，共同思索和探讨湘雅临床医学研究生教育。因此从这期开始，我们将陆续刊登我院导师和在读学生对前五期老一辈导师们专访的读后感，以及对临床医学研究生教育培养的思考等，也欢迎师生们踊跃投稿，加入我们"师德大家谈"中来，为提升我院研究生教育质量建言献策。

作为一名医生、教师，身兼多职，亦身担多责。治病救人是医生的天职，多看好一个病人，多解除一个病人的痛苦，是医生的责任。教书育人是教师的职责，多带出一个好医生、一个学科领路人是老师的责任。时时思考，育人较之看病，能培养出一批批优秀的医生，能以数学乘方之势解除更多病人的痛苦，作为临床医学教育者、导师，其肩上的责任更大、更重。现在，大家对研究生培养的质量和导师、学生的素质等多有质疑，甚至有种担忧在流传——"明天我们可以安心交给谁来看病？"

社会需要高素质的临床医学人才，作为临床医学高素质人才培养殿堂的高校教育工作者，应该思考的是我们要站在国家需求、社会要求、学生要求的不同角度思考临床医学研究生教育的新思路。

近几月，我认真拜读了《师德"大家"谈》中老一辈导师的行医育人经验，回顾自己作为学生、导师走来的一路，有些许感触及思考，在此抛砖引玉，呼吁大家共同思考湘雅临床医学教育。

2014年5月4日，习近平总书记在北京大学师生座谈会上指出，"办好中国的世界一流大学，必须有中国特色。没有特色，跟在他人后面亦步亦趋，依样画葫芦，是不可能办成功的"。习主席还说到，"一个国家、一个民族的强盛，总是以文化兴盛为支撑的，中华民族伟大复兴需要以中华文化发展繁荣为条件"。不久前国务院出台的《统筹推进世界一流大学和一流学科建设总体方案》中也提出，"要在传承中国文化发展过程中实现中国特色、世界一流"，要求各大学"一定要根据各自不同的办学理念，办学传统，学科特色和大学文化等，坚持优良的传统特色"办学。

从1978年国家恢复研究生招生起，湘雅医学院临床医学便开始了研究生培养教育，历经40个春秋，成就了老一辈优秀的临床医学研究生导师，同时也培养出一批批国家医学栋梁之才，铸就了"湘雅"品牌。细读《师德"大家"谈》，从五位老师的专访中我们就能看到闪烁着湘雅精神的种种体现。

一是要传承爱祖国、爱人民、爱医院的伟大情怀。伍汉文老师说到"我的思想是根深蒂固地爱国,中国不强盛不行,必须强大起来""爱国、爱院、爱事业是非常重要的",在"文化大革命"下放湘西的艰苦岁月,伍老师抱有的是"不管在什么情况下,我始终如一地要为病人服务"。孙材江老师说到"我们都是为国家育才"。林秋华老师满怀感恩地说"我所做的临床和教学工作中的一些成就,首先是我走对了湘雅二医院的这条路"。这些话语中体现出老一辈知识分子的浓浓爱国情、爱院情和一种作为中国知识分子的社会担当。强大祖国的医学事业,为国家培养优秀的医学人才是教育者最高境界的体现,这样的爱国情怀,我们必须传承。

二是要传承医者仁心、胸怀天下的医者担当。"我是个医生,就要很好地为所有的病人服务"(伍汉文老师)、"我既然选择了当医生的职业,就要对医学兢兢业业,努力工作"(傅荫宇老师)、"努力做一个好医生"(易著文老师),这些前辈的话语,字字渗透着医者仁心、医者天职在老师们心中的责任担当。

三是要传承尊师爱生、刻苦钻研的师道精神。伍汉文老师的"糖尿病无机盐代谢失衡与慢性并发症的关系"获得国家科技进步三等奖,就是与研究生们一起艰苦钻研,"要收集病人24小时的大小便检测钙、磷、镁、锌量,每天实验室里充满了大小便的恶臭,在里面做一天实验,头发衣服全是臭味,老师学生一起做实验"这样干出来的。孙材江老师提到,"第一届研究生要做一个生物力学的测试,条件很艰苦,经费不够,我们只好每天晚上骑单车去实验室,做光电感应等实验",就是在这等艰苦的科研条件下,老师们与研究生们同甘共苦,互教互学。

四是要传承严于律己、以身作则、自律自觉的行为。伍汉文老师常常对学生说"要成为一个学者型的临床医师,学问要比一般医生要好,对于医学的钻研要很深入……我的一生就是这样做的"。孙材江老师的体会是"导师自身的能力和条件,特别是思想认识的水平,不仅体现其实际的工作能力和成效,更重要的是导师能否以身作则、言传身教地在潜移默化中影响学生"。傅荫宇老师则说"在教育研究生的时候,首先应该把自己做好"。林秋华老师说"做科研工作,老师一定要自己学在前面、走在前面,才能带领学生前进""为人师表,自己应该先做好人、做好事,这样才有资格和条件去培养更好的人才"。易著文老师提出"作为导师要以身作则,榜样的作用是无穷的"。老师们正是用一生践行着这些看似朴实,实则伟大的话语。

五是要传承提升自我、言传身教的进取精神。随着社会经济高速发展和社会意识形态的变化，社会对医疗人才的需求也发生改变，当代临床医学研究生教育的宗旨发展为培养具有综合素质的高级医学人才。何为综合素质的高级医学人才？综合素质是指一个人的知识水平、道德修养、社会修为能力，以及对社会生活、工作、学习中所体现的价值观念等。老师们的学习和修身经历给"综合素质的高级医学人才"一个完美的诠释。伍汉文老师在精通业务之余不忘人文素质的修行，他叮嘱着"一定要学历史，要懂得一定的历史""要多看书，看各方面的书"，在80高龄还写诗填词，舒展着高级医学专家的人文情怀。孙材江老师的业余生活也坚持学习人文知识、艺术等，提升综合素质，"有时甚至是废寝忘食地阅读历史、考古、人文知识、推理、科幻"等，孙老说到，"读书不仅使我能不断学习和更新知识，与时俱进，而且也能陶冶情操、敬业乐群"。

　　湘雅精神正是一种优良的传统文化，在当代临床医学研究生培养的改革中，能很好地传承这种文化并与之糅合，将是保持并创新湘雅特色研究生教育品牌的基石，我们应该传承！

袁运长：
浅谈湘雅医学教育管理

2017年9月，中南大学进入教育部公布的双一流（即世界一流大学和世界一流学科）建设高校 A 类名单，意味着我校人才培养模式的改革创新需更进一步。研究生教育是国家更是学校人才竞争的集中体现，肩负着精英人才培养的重要使命，是引领"双一流"建设向纵深发展的关键因素。因此，高水平的研究生教育是我校跻身"世界一流"及创建我院特色鲜明的"世界一流学科"目标的重要内容和必然选择。

"百年湘雅情，半部西医史"，作为中国现代西医高等教育的开先河者，湘雅医学院自 1914 年建院、1978 年恢复研究生培养始，曾执牛耳于华夏大地数十年，培养出几代蜚声中外的医学泰斗。但是近些年来，相比协和，不得不承认湘雅医学的发展速度相对滞后，究其原因有许多，在此，我想对湘雅医学教育提一些自己的看法和思考。

第一，必须遵循医学教学发展规律，建立大教学的管理体系。医学生的培养学制较长，从本科到研究生毕业（其中还包括住陪）至少是 8 年，甚至长达 10 多年，即使这么长时间也未必能培养出一名能独当一面的合格的医生。培养出一名独当一面的合格的医生是个漫长的过程，这个过程尽管分阶段，但是每一阶段都是密切联系的。然而目前湘雅的医学教育管理不仅人为分割，而且三家教学医院各不相同；这样人为地把一些本该密切联系在一起的部门分为几个模块，而且医院间各不相同，非常不利于统一管理，也不利于各部门之间的协作。湘雅三医院由于建院较晚，医疗和科研虽稍有差距，但是它的教学，不管是本科教学、技能教学、住陪及研究生教学都比较优秀，这其实很大一部分原因可能得益于它的管理体系——大教学的管理体系。

第二，要以学系为抓手，整合湘雅的优势资源办学。因为湘雅医学院是百年老院，历史悠久，其中"教学"更是湘雅的一块金字招牌，很多人对"北协和，南湘雅"这句话可能有误解，这其实讲的是医学教学，而不是临床医学。为什么会有这个说法呢？因为当年西医教学在进行国际评估的时候，南方以湘雅的教学质量最高，北方以协和的教学质量最高。这表明湘雅的医学教育是非常厚重的，是有底蕴的，是有许多传统优势的。全国统考的三连冠，全国医学生临床技能竞赛的四连特＋两个一等奖等成绩说明湘雅医学教育还是有实力的，而且只要整合湘雅的优势资源，大家齐心协力来办学，是可以把湘雅医学教育这一金字招牌发扬光大的（三连冠、四连特＋两个一等奖等成绩都是整合湘雅的优势资源，大家齐心协力取得的）。但是目前湘雅医学教育系统的三家临床教学医院，特别是在住陪和研究生教育这一块，每家医院的管理标准，或者说是培养的标准，都不一样。标准不一样，其规范内容不一样，这三家医院拥有的优势资源更是不一样。比如胸外科，这是湘雅二医院的优势科室，因此一般来说，由湘雅二医院培养胸外科研究生的资源可能要多一些；再比如皮肤科，湘雅二医院对系统性红斑狼疮等疾病的诊治更擅长，而湘雅医院在皮肤肿瘤方面，湘雅三医院在皮肤美容等方面更有优势。因此，虽说湘雅三家医院拥有的资源各有其特点和优势，然而作为中南大学培养医学研究生的二级单位，它们是相对独立的，资源并不共享，意味着在湘雅二医院培养的研究生，利用不到湘雅医院和三医院的研究生培养优势资源，反之亦然。在这样的环境下，如果我们能以学系为抓手，整合湘雅的各优势资源办学，从而最大化地有效利用这个整体，我相信1＋1远远大于2。具体还是拿皮肤科研究生的培养举例，皮肤科研究生可以在轮科期间分别在湘雅三家医院着重学习其某皮肤疾病诊治的特色或优势部分，从而可以将三家医院的优质资源整合利用。这样培养出来的研究生，才可以真正代表湘雅水平。同时以建立学系为抓手，整合湘雅的资源来办学，可以统一标准，统一质量，有利于提高教学质量。

第三，要设立专门机构去研究"医学教育"这门科学。在我看来，医学教育是一门科学。湘雅医学教育发展过程中有丰富的宝藏，需要我们去挖掘。首先，中南大学是综合性大学，有其办学的巨大优势，怎么样把医、工结合起来，从而促进医学的发展？具体应该怎么做？这就是医学教育需要去研究的问题之一。其次，湘雅医学院对外交流十分活跃，与美、日、欧、非等25个国家和地区学术交流密切，每年选派医学生赴耶鲁大学、埃默里大学、康奈尔大学、匹兹堡大学、南加利福尼亚大学等国际著名大学学习。湘雅拥有强大的海外校友团，我们怎样主动地学习借鉴、融合应用国外先进的理念和方法，洋为中用，他为己用，这也是可以进入医学教育研究范畴的。另外，国家自然科学基金资助门类里，也增加了医学教育这一门类。我们可以设立专门的研究机构，组织专门的研究人员对这许多的医学教育研究素材进行整理、归纳、总结，确定几个研究方向，申报一些科研项目。通过这些方面的研究，不断提升我们自己的办学理念和水平，也为国家医学教育相关政策的制定提供理论基础。

第四，医学研究生教育要抓住"医学研究"四个字做文章。它不同于本科教育，不同于住陪教育，也不同于其他类别的研究生教育。首先，研究生培养定位应该是精英教育，再按照医学研究生培养的标准去培养。我注意到现今湘雅医学的临床医学硕士专业学位研究生与住陪生的培养是相类似的，同样要参加33个月的住陪轮科，而硕士学制为3年，减掉寒暑假等，也就剩不下多少时间，根本没有科学研究方面的培养，因此专业型硕士研究生与住陪生比较除了多一个文凭，这两者没有实质上的差别。其次，临床医学硕士研究生，招的大部分学生都是本科毕业应届就考，他们往往一心考研，本科实习是敷衍的，甚至是没有的，这是十分常见的现象。因此，这些学生实际上没有任何临床经历。但医学研究以临床为基础，只有在实际临床工作中发现具体问题，再回到临床去做科研，这才是有意义的，脱离临床去研究问题，毫无意义。毕竟医学研究的最终目的是为了认识疾病，治愈疾病，恢复健康。个人以为，是不是可以不招收临床医学硕士专业学位研究生，而是直接对优秀的住陪生，加1~2年的研究生教育（这1~2年可以进行科学科研方法、能力和素质的培养教育以及学习研究生毕业论文撰写），通过答辩再授予其硕士学位，当然这涉及国家的有关政策，但我们湘雅是否可以先行探索？再次，研究生要注重人文素质培养。一名合格的医生不仅应具备精湛的医术，还需要交流信息，懂得沟通，有同情心、同理心。因此，研究生的通识教育、人文知识教育不应忽视。湘雅医学院应该适当增加人文、国学类作为选修课程。最后，湘雅医学教育实行导师负责制，研究生跟着导师学习，主要是在做科研项目的过程中，不断提高科研能力，学习科研方法，树立科研理念，培养科研素养。从导师的角度来讲，绝对不应该把自己的学生当成劳动力，这个主观认识必须正确。虽然客观事实是学生要跟着老师做项目、做事情，但是导师主观认识不正确的话，其心态就不一样，尽管都是使唤学生做事，但这两者是有本质区别的。同时，学生也应该端正自己的态度，定位准确，不应该把读研当作一个跳板，实实在在学到东西才是真。

湘雅院训"求真求确，必邃必专"，求真求确，为科学精神，邃示其深，专示其精。希望我们湘雅人以此为训，踏实为学，以科学之精神，为精深之研究，不断提高湘雅医学教育水平。

赵丽萍：
不慌不忙地成长

下一个轮到婷婷答辩了。

个子小小的婷婷，播放自己的答辩幻灯片时，被演讲台上的电脑遮了个严严实实。她不会和其他同学一样站在演讲台上的电脑前汇报吧？那样，专家们就只能"但闻其声，不见其人"了。正在为婷婷捏了一把汗的时候，她准备好了幻灯片，往前几步，背对着演讲台，大方地向专家们鞠躬。汇报开始，婷婷声音洪亮、思路清晰、表达流畅，如数家珍般向老师们汇报硕士论文的研究方法、核心数据、基本思想，不急不缓、有理有据；回答专家的提问，不

慌不忙，有礼有节。

"婷婷，你的现场表现太棒了！"答辩会后，我拥抱这个小小的身体，由衷地赞美道。婷婷两颊绯红，喜悦从她的笑容里溢了出来，得到答辩专家广泛好评，她备受鼓舞，倍感幸福。"谢谢您，老师！谢谢您教会我坚持，谢谢您教会我不慌不忙地成长！"

"不慌不忙地成长"，听到这几个字，有点惊喜，有些欣慰。这是几年来，自己在每两周一次的研究生小组会上念叨得最多的几个字，也是这些年陪伴学生成长时用得最多的一句话。当大家茫然时，当大家畏难时，当大家松懈时，加油鼓劲、排忧解难之后，总会补上一句，"不用着急，从现在开始努力，并且坚持努力，你就会慢慢成长为自己喜欢的模样。因为坚持是一种温柔的力量，她让人不慌不忙地成长。"

见到过平日优哉游哉，考前抱佛脚奋战到天亮的学生。临考前，他们拒绝各种任务，拒绝各种活动，连小组会也要以备考为由拒绝参加，似乎一个学期的课程都积累到考前那几天来消化。这种时候，自己就会对学生们念叨，要把功夫下在平时，坚持每天努力一点点，及时巩固所学的知识，当考试来临的时候，就能不慌不忙，从容面对。

见到过受了刺激或是受了鼓舞以后立下雄心壮志，奋斗几天偃旗息鼓的学生。平常没有奋斗的目标，听了一堂讲座以后热血贲张，看到同伴成功以后斗志昂扬，受了打击以后立誓要发愤图强，接下来的几天，早出晚归、废寝忘食，似乎足够优秀、足够强大，成功就在眼前。然而随着时间慢慢溜走，工作和生活的琐碎逐渐稀释了那些刺激或鼓舞，也忘记了那些当初的雄心壮志；于是，生活又回到原来的轨迹。这种时候，自己也会对学生们念叨，成长不是一蹴而就的事，有了目标并朝着它一步一步往前走，才能在坚持中不慌不忙地到达彼岸。

见到过遇到挑战时焦虑重重踌躇不前的学生。"我从来没有做过研究，不知道从哪里着手。""我从来没有写过论文，怎么可能写得出来呢？""我连幻灯片都没有做过，哪能这么快就在小组会上分享自己的读书体会。"当没有经历过的任务来临时，他们焦虑重重、寝食难安、不知所措。这种时候，我就会帮助他们列个清单，分解眼前的任务，提醒和帮助他们由浅入深、由易到难逐一完成任务。当坚持把一个个任务完成的时候，自己也在不慌不忙中成长了。

见到过很努力却错过成长关键期的学生。"老师，我这么努力，为什么我还是不能跟着大家的节奏顺利开题？"听到这样的声音，我都会问问，你是怎么努力的？你知道围绕选题要读多少文献吗？你琢磨过怎样从每一篇文献中吸纳有价值的信息吗？你思考过怎么综合文献和自己的工作来确定自己的选题方向吗？几个回合，就被老师问得不知所云了。这种时候，自己就会告诉他们努力不仅仅只是花了很多时间在图书馆和电脑前，有方向、有方法，不盲目、不放松，这样的坚持，才是有效的努力，才能让自己不慌不忙地成长。

当然，还见过老师抽一鞭子动一下，鞭子停下来脚步停下来的学生；也见过等着老师划重点、等着老师给选题，自己却无动于衷的学生……这种时候，把鞭子扬得高一些，扬得勤一些，用自己的坚持，鼓励他们坚持进步，保持成长，不慌不忙。

"老师，3年里，从选题到实施，从数据收集到结果分析，从撰写论文到毕业答辩，我的每一步都走得很扎实，也很从容。我的毕业论文改了差不多60稿，师姐师妹还有男朋友都帮我看过呢！"改了60次的论文，那些数据、那些观点、那些结论，怎么会不了然于心？论文改了60次的婷婷，将幻灯片修改了很多遍，也将答辩内容试讲了很多遍。这样的努力和坚持，让小小的婷婷从容淡定，精彩绽放。

三年的时间不长，很多人感叹还没来得及完成要学的、要做的、要写的那些任务就匆匆过完了。三年的时间也不短，那些曾经的茫然、曾经的困难、曾经的松懈，在努力和坚持面前，会逐一瓦解。大家都会在不慌不忙中成长，变成自己满意的模样。

李亚敏：
浅论护理研究生的教育培养

《管子·权修》曰："一年之计，莫如树谷；十年之计，莫如树木；终身之计，莫如树人。"护理研究生作为护理学科的高端人才，其培养质量水平与护理学科建设的高水平发展息息相关。一名优秀的护理研究生导师，既要言传身教，培养研究生乐于吃苦的精神和甘于奉献的职业情怀，又要因材施教，培养研究生的护理科研和临床实践能力；同时导师也应借助自身阅历和社会

经验，对研究生的职业生涯规划进行教育和指导。

一、言传身教，培养研究生护理职业情怀

"学高为师，身正为范。"导师不仅是研究生学术生涯的指导者，也是研究生人生道路的引导者，导师的人格魅力和言传身教是一种无形的力量，潜移默化地影响着学生，对研究生的学习、工作和生活都有着深远的影响。优秀的护理导师不是简单的"传道、授业、解惑"，而应具备广博的护理专业知识、精湛的临床护理技能、丰富的教学经验和科学的指导方法，同时也应具备良好的职业素养和职业情怀。

护理是一门辛劳的职业，常常被人们误认为是简单的劳动服务而非专业技术行业，导致护士的社会认同感较低。导师在关心研究生生活、情感，解决学生实际困难的同时，更要了解研究生的学习动机和目的，引导研究生建立正确的职业价值观，正确对待职场不公与社会的负性舆论，培养研究生对生命、尊严、价值的关切和人文精神的追求，培养强大的内心动力和高尚的职业情怀，积极承担起促进我国护理学发展的重任，为人类谋健康、为护理谋发展。

二、因材施教，培养研究生护理科研和临床实践能力

"孔子教人，各因其材。有以政事入者，有以言语入者，有以德行入者。"护理研究生作为护理界的"精英"群体，担负着我国护理临床、管理、科研等各领域发展的重任，导师应全面了解学生的个性特征和兴趣爱好，因材施教、因势利导，组织好教学、教育，引导研究生根据自身特长选择合适的发展方向和目标，培养研究生护理科研和临床实践能力。

导师应经常与研究生探讨交流，全面了解研究生的个人兴趣、职业目标、心理素质，根据研究生的个性特征和心理特点，帮助研究生培养科研热情并挖掘个人潜力。导师可以通过小课题对学生进行测评，了解研究生的科研兴趣和学术能力，给予个性化和针对性的指导建议。根据研究生个性特征和学术能力并结合研究生的学位类型，建立"需求培养、分类培养"为导向的人才培养目标，同时注重个性化培养与社会性需求的平衡发展。对于科学学位且志在科研者，应该注重护理科研能力的培养，从培养科研兴趣、提高科研意识、树立科研态度、提升科研精神等方面出发，全方位培养研究生的科

研能力;对于专业学位且志在临床者,应该注重临床护理能力的培养,从夯实基础护理能力、强化专科护理能力、培养评判性思维能力、提高护理伦理决策能力等方面出发,全方位培养研究生的临床能力。除此以外,导师也要有意识地培养学生的教学能力和管理能力,促进研究生完善职业技能及相关知识的发展,将研究生培养成具有较强的临床、教学、研究、管理能力的高层次、应用型护理人才。

三、分享阅历,教育和指导研究生做好职业生涯规划

职业生涯是指一个人的职业经历,它不仅包括一个人一生之中所有与职业相联系的活动与行为,还包括职业活动中的相关态度、价值观以及愿望进行的连续性过程,也是一个人一生中职位、职业变迁以及工作理想的实现过程。职业生涯规划是指个人和组织相互结合,对个人在职业生涯的各个主观和客观条件分析和测定,在总结研究的基础之上,对个人的兴趣、爱好、特长、能力、经历以及不足等方面进行综合的权衡,根据所处社会状况和个人的职业倾向,确定最佳的职业奋斗目标,并为实现这一奋斗目标做出的有效可行的安排。

职业生涯发展不仅对个人发展有着重大影响,也会直接影响到护理学科的发展。研究生对社会与自己本身不够了解,导师可结合自己在专业和职业发展方面的优势和经验,分享阅历和成长经历,唤醒研究生明确自己的学习动机和重心,客观评估自己的目标与现实之间的差距,更好地给自己的职业定位。同时帮助研究生对将要从事的护理岗位加深认识,正确认识护理专业的发展前景,发自内心地欣然接受并为之付出努力,在学习过程中结合社会要求和自身特点,增强职业认同感,提高自我效能感,不断完善自我素质和能力,从而不断提升自己的责任感、受挫承受力和综合技能,最大可能地预防职业生涯发展中出现的各种困扰,实现研究生与职业之间的良好匹配,从而帮助研究生更好地实现自我人生价值。

戴茹萍：

求真求确，必邃必专
——医学生科研的价值与实践探讨

医学之路，道阻且长。每一位医学生都怀着救死扶伤的初心走进心中的象牙塔，也唯有坚定初心才能在未来的医者之路上披荆斩棘、排除万难。要想成为一个有竞争力且可持久发展的卓越临床医生，不能仅仅满足于学科理论、知识、技能的提高，还应采用科学思维和研究对临床问题不断探索创新、求真求确，促进医疗技术、理念的发展。

一、医学生科研的价值

有人把合格的医生依照能力水平分为三个层次：成熟的临床医生能够遵

循指南，保证医疗质量；优秀的临床医生在指南基础上，能够对患者进行分层和个体化医疗；而卓越的临床医生则能够创造出新理论、新技术、新方法。临床医生唯有具备科学家的敏锐，拥有足够的创新能力，方能让自己从优秀走向卓越，最终成长为真正的医学科学家。

然而，临床医生的科研素质和科研能力并非一蹴而就，而是需要不断培养。因此，研究生阶段作为学习临床和科研的黄金时期，是决定人生成就到达何种层次的一个分水岭。研究生和本科生的本质区别，在于本科生学习知识，研究生学习创造知识。但是我发现很多医学研究生的思维仍然停留在本科生阶段，只习惯于像海绵一样被动地吸收知识，缺乏以批判性、创造性的思维去发现问题、思考书本中没有定论的理论。这也是临床研究生在大学时期习惯背教科书考试、背指南看病的常见遗留问题。只有打破被动接受灌输的旧习惯、培养科研创新能力，才可能成为理性地接受甚至创造新知识的优秀临床医生。

二、树立远大理想是坚持科研之路的终极动力

人脑如同电脑，需要有软件武装，要么是"英雄所见略同"的成功人生理念，要么就是大众化、平庸化的思维和理念。没有理想引导的临床科研生活会如何呢？各种考试和证书成了学生们的奋斗目标，为了考试而考试。虽然拥有出色的应试能力，却像盲目行走而无法抵达目的地的船，未能长远专注于一个方向进行深度的学习积累。开展科研工作后也经常为了科研经费和论文走捷径而不断改变研究方向，未能获得预期结果，也容易焦虑生出严重的挫折感，这样研究成果很难积累和突破。相反，一旦树立了理想，就会在这个大方向引导下去制定不同的小目标，小到课题开展，大到人生选择，都可依从大方向而减少时间精力的浪费，获得不断实现自我、超越自我的成就感。

临床上发现的问题和症结是科研创新真正的动力和方向。我在20多年临床科研生涯中深刻感受到，只有真正有意义、对社会有用的研究才能不断激发学生或者研究者的热情，愿意不眠不休地投入却始终甘之如饴。我们需要从最关注的临床问题出发树立一个长期的理念和构想，在这种既定的方向下不断累积，就更容易成功。对于团队更是如此，一位优秀导师培养学生的重点可能不是发几篇SCI文章，而应让学生真切地感受到团队的方向是明确而有意义的，让学生能找到自己的兴趣和方向，认同团队整体的理念目标，

碰撞出共鸣，并且在团队中体会到互相激励，不断成长，这可能是最重要的。

三、临床医学生的科研实践——恒者行远，思者常新

毋庸置疑，勤奋专注是成功的第一要素，下面谈谈其他几点有助于培养科研能力的好习惯。

第一，独立思考能力是创新知识的重要因素。很多医学研究生在选择课题时，是当做完成导师给的命题式作文。导师越有把握的、结果越有预期的课题，也许就是创新性一般的方向；相反越是不确定的课题，反而可能会有重要发现。这时非常需要独立思考的能力，需要自己判断这个方向能不能做，需不需要调整，是微调还是大调。导师做的决定，不应该盲从，因为导师也许只熟悉整体方向，并未对这个细分领域有透彻的了解，但是有疑问之处可以与导师充分讨论。在我们团队，"重要的是什么是对的，而不是谁是对的"。科学研究提供了最好的机会，在这里，任何研究生都可以挑战权威，因此相较于临床上明显的上下级关系，科学研究中几乎没有。大家的目标是一致的，所以只要是对的，不管是谁提出来均会被采用。只有这样，个人才能充分发挥主观能动性，团队才会得到很好的发展。

第二，开阔视野是创新的催化剂。除了大量阅读文献外，很重要的一点是多听学术报告。因为学术报告在短的时间内可以传递很大的信息量，特别大师级的报告，即使不是相关领域的，也常给人以启示和灵感。我发现越优秀的学生越乐于参加各种学术报告活动，而只埋头做实验的学生往往思维不开阔、不能触类旁通，这也成了长远发展的桎梏。因此，我除了鼓励学生参加本校、本院的学术报告外，无论硕士博士，每人每年都有1~2次参加全国学术年会的机会，密切关注本领域最新进展和动态，找到并努力缩小自己与全国顶尖水平的差距。

第三，学会做自己研究成果的推销员。很多研究生花大量的时间在实验技能的培训上，却忽略了如何整理让编辑满意的结果图片，如何找到实验结果的独特性（卖点）撰写成文，或者英文写作能力、文章逻辑性差，降低了自己成果的价值。即使发表出文章了，但是做报告的能力、表现能力弱，也难以让大家对优秀的成果印象深刻。因此，写论文、做报告是医学研究生的必修技能。在我们团队，每周举行组会，安排一位研究生上台报告一篇高质量文献，大家从幻灯片表述的逻辑、是否用合适的图片和少量关键词清楚表述、肢体的语言等方面提出改进建议，不仅学习了该研究的独特之处、培养

了独立思考能力，也无形中提高了做报告、展示自我的能力。此外，每人还要汇报周实验数据，数据解释是考验知识功底和研究思路的标杆，大家一起讨论数据、分析原因、思考下一步实验，很多问题和新思路就是在讨论后确定的。

我自己读研究生时的经历总结有三部曲。

初定目标，由简入深。导师设计一个比较明确的科研方向，设定较为具体的实验过程，提出所需掌握的专业知识并指导学生写一篇相关综述。每获得初步数据由学生尝试性地提出自己的想法。通过这个过程，锤炼做科研的基本思路、掌握必备的实验技能和写文章做报告的能力。这个过程可能需要1~2年，导师需要付出很多，师生之间需要良好的沟通和相互反馈。小目标的完成可让学生体会到科研的创新和成就感，减缓焦虑，这对学生和团队至关重要。

稳扎稳打，循序渐进。在此基础上，具备独立开展科研课题的能力。通过广泛阅读文献和讨论交流，提升对团队研究领域的理解和敏感度。可以关注研究团队相关领域比较重要的研究热点，寻求领域比较重要但自己能够解决的问题。努力争取发表在该领域的核心期刊上。通过这阶段的学习，在具体研究方向要超越导师，同时也提升了自己对科学问题的凝练能力。

放飞梦想，勇攀高峰。通过前两个阶段的学习，对科学研究有了一定的认识和见解，并发表2~3篇论文。这时就应该树立真正解决领域最重要问题的决心，而不应当成为发表论文的奴隶。只有挑战领域的真正问题，树立成为张孝骞和汤非凡等医学大家的理想，才有可能做出杰出的工作，让自己的未来多了无限可能。

长风破浪会有时，直挂云帆济沧海！朝气蓬勃的湘雅学子，应继承时代赋予湘雅精神的新内涵，用科研创新的决心勇气和只争朝夕的实干精神，砥砺前行，实现从优秀医生到卓越医学家的跨越。

张东山：

培育 AKI 英才，追赶国际脚步

往事如梦，记得 2012 年我作为一名主治医生被遴选为中南大学湘雅二医院的硕士研究生导师，对我来说简直就是天上掉馅饼，要知道在此之前只有副教授及以上职称才有资格申请担任硕士研究生导师。当时激动得几天几夜难以入眠，心里充满着对中南大学及医院领导的感激，同时也深感自己身上的责任重大，暗暗下决心一定要培养好学生，让健康医学事业后继有人。

同年我也获得了湘雅二医院青年骨干教师出国留学计划资助，并前往美国佐治亚医科大学"国家千人计划"学者董政教授实验室进行为期两年的博

士后训练，这对我来说是人生的一个重要的转折点。在我留美期间，主要从事急性肾损害（AKI）的研究。AKI 是临床常见的肾脏急、危、重症，院内病死率高，医疗资源消耗大，并且存活病人远期死亡率和慢性肾脏病发生率都较高。据统计，我国 2013 年约有 290 万成年住院患者罹患 AKI，其中约 70 万患者死亡，造成严重的社会和经济负担，而我国 AKI 的研究远远落后于国际先进水平。作为学生，我拼搏努力，夜以继日，两年期间我以第一作者和通讯作者在国际权威杂志 *Autophagy*（IF = 11.1）发表 1 篇、*JASN*（IF = 9.6）发表 2 篇、*Kidney int*（IF = 8.5）发表 1 篇、*JPET*（IF = 3.9）和 *DDDT*（IF = 3.2）共 6 篇，这个结果刷新了实验室的记录，工作也得到了老师的认可。作为导师，我细心体验中美导师在学生培养中最重要的差别。国内的研究生，大部分需要自己去查阅文献，去思考、去找课题，要知道文献里获得的信息至少是人家几年前的 idea，且学生的知识结构并不完善，寻找到的课题基本是跟跑，其结果不言而喻，当然也是发不了高水平的文章。而在美国无论是硕士、博士还是博士后执行的是导师的 idea，导师掌握着学科的前沿和动态，因此其课题的创新性毋庸置疑，而学生所做的是如何更好地完成这一项目，当然前提条件也是需要扎实的实验基本功，最后往往发表的是高质量的科研成果。

2014 年我回国后，决心致力于 AKI 的研究，在该领域追赶国际的脚步。但情况不尽如人意，当时无实验场地，无专职实验人员，路如何走？困惑之时，我得到了远在大洋彼岸的博士后老师董政教授的大力支持，董教授特聘我为国家千人实验室 PI，帮他解决了试验场地和设备的困境。

回国后对学生的培养，主要的体会有如下三个方面。一是培养正确理念，提升科研能力。每周周一晚有读书报告会和实验室会议。由学生轮流用全英文来汇报自己的本周实验进度和实验结果以及实验中遇到的问题。在会议中大家各提意见分享彼此的观点，进行有效的交流。既锻炼了学生的演讲能力，又提高了学生的业务水平。学生在这个过程中不断完善、不断进步。二是建立快捷沟通方式，提高解决问题效率。在国外很多学生和老师沟通需要发邮件和导师汇报，效率会大打折扣。回国之初，我就启动了微信交流，方便快捷，晚上 12 点前收到学生的问题，立即回复并给出意见；12 点之后就是第二天早上回复，和学生进行的是零障碍的沟通模式，沟通渠道通畅，有问题迅速解决，方便课题的进一步迅速推进。三是提升论文质量，拔高毕业标准。以现在的中南大学硕士研究生毕业要求为例，学校的要求是学硕型研究生是发表一篇 3 区的 SCI 文章，专业型硕士的要求是发表一篇核心期刊的文章。在我们团队不论专硕还是学硕都是除了3区的要求外，还要两篇影响因子（IF）5分以上的SCI才允许毕业。这对学生是一个挑战，对导师本人来说也是一个挑战，正是因为有这些挑战，所以我的学生毕业都能远超这个标准，以3~4篇SCI的文章毕业。14级研究生获得了湖南省优秀硕士毕业生论文、15级研究生获批国家发明专利2项、16级研究生获得了2018年中华医学会急诊医学年会全国竞赛二等奖。这些成果正是因为我们对学生培养秉承着湘雅二医院"团结严谨，求实创新"的精神，才不断地产出。

由于学生的工作成绩，2015年我获得了教育部留学人员归国基金和国家自然科学基金面上项目双双资助，晋升为副主任医师；2017年获得湖南省自然科学杰出青年基金资助（当年全省32人获此荣誉），同时破格晋升为研究员；2018年再次拿下国家自然科学基金面上项目。路漫漫其修远兮，吾将上下而求索，我围绕临床做科研，科研服务于临床，期待着研究成果早日转化，成为AKI患者的福音，同时也为中国的AKI事业不断培养优秀人才，早日赶超欧美发达国家而努力。

可喜的是，2018年在医院党政的关怀下，我们团队即将搬入精卫楼21楼急诊实验室，并且装备了基本的科研仪器，在新的甲子年开启新的征程，我们将为中南大学双一流建设做出自己应有的贡献。

吴仁容：
一个研究生的成长路

1997年我考入中南大学湘雅医学院（原湖南医科大学），2002年本科毕业后在中南大学完成了硕士、博士的学习。2008年博士毕业后留在湘雅二医院精神科工作，至今工作刚好十年。我从一个本科生到研究生，再到工作，并于2014年成为博士研究生导师，一路走来，有很多艰辛，有酸甜苦辣，但

在奋斗过程中的经历是我人生中一笔无价的财富。在这个过程中也走过弯路，也有过迷茫和困惑，也有过非常无助的时候，但最后发现，只要你在那段时间坚持自己的内心，不忘初心，光明的路就一定在眼前。

以下是我在研究生求学期间的一点点体会，分享给大家。

一、每个阶段给自己定奋斗目标

我来自农村，父亲是个残疾人，家境很贫寒，家里能把我供读完大学毕业已经非常不易了，按理说本科毕业后应该参加工作为家里减轻负担，但我上大学时就给自己定的目标是以后一定要到全国精神科的四大中心去工作。2002年本科毕业时工作已经不好找了，虽然一般的三甲医院能进，但大学的附属医院是很难进的，尤其是全国精神科的四大中心都只要博士。所以当时就下定决心把硕士博士读完了再工作。进入研究生生活后，有一段时间是很迷茫的，因为研究生第一个学期是很轻松的，就几门理论课，那时是在湘雅医学院本部上课，一个星期就那么点课，没接触专业研究方面的知识。那时与自己的导师交流很少，也不知道以后到底要做什么研究，虽然心里很急，但又不知从何下手。后来有一次参加老乡聚会，听到他们讲肿瘤所的一位博士发了影响因子10以上的文章，所有人都感叹，说这人太厉害啦。当时我就想，我要怎样才能在研究生期间也发10分以上的文章。思考一番后我发现，想要做好的研究，必须要有好的设计、好的研究方向，一定要有创新。从那时开始，我就把自己泡在图书馆里，看了大量的文献，有基础研究方面的，有临床研究方面的，除了精神科的还有其他学科的。

二、文献是最好的老师

刚开始看中文文献，然后试着看英文文献，刚开始2~3天才能看懂一篇英文文献，到3个月后1~2个小时就能看懂，那段时间除了吃饭睡觉和临床工作外的其他时间几乎都花在看文献上了。那时我还没有电脑，2003年的时候电脑也还不是那么普遍，看文献主要还是在图书馆，所以晚上和周末的时间几乎都是在图书馆度过。一直到现在，我也坚持每天2个小时以上的文献阅读时间，很多科研的思路主要来自文献，通过阅读文献你能了解最新的进展、研究的热点以及未来的方向。我的很多研究灵感都来源于文献，只有通过大量的文献阅读，你才能掌握这个学科最前沿的知识。读文献的时候有的要精读，有的要泛读，因为时间有限，信息量太大。我的原则是 Nnture, Science 等医学顶级期刊和学科顶级期刊的相关文献一定精读，其他的就泛读。精读到什么程度呢？精读后要知道这篇文章做了什么，创新点在哪，研究设计有哪些突出的地方，用的什么统计方法，怎么做的统计。这些知识点对自己以后的研究都非常有指导意义。

  在看了近半年的文献后，我给自己定了一个研究方向就是：抗精神病药物对代谢障碍的影响。为什么选择这个研究方向，主要有以下几点：首先是自己的兴趣在临床研究而不是基础研究，研究方向的选择兴趣是首位的，因为研究要做得好、做得长久和深入，没有浓厚的兴趣是很难坚持下来的，所以就选择了临床研究方向的课题；其次，考虑到自己是专业型的研究生，做临床研究更得心应手；最后是文献总结，在查阅了大量的文献后觉得在这个方向的研究可能找到一些突破点，同时又有很大的临床实用性，在临床中的意义很大，也容易出成果。基于这几点我选择了这个研究方向，和导师讨论后最后确定了这个研究方向。至今我的研究方向仍然是抗精神病药物引起代谢障碍的机制及防治。

三、勤奋和坚持是决定成败的最关键因素

  聪明会让你比别人到达成功的终点变得容易些，但通往成功的道路上仅仅靠聪明是远远不够的。做科学研究更是如此，做研究短时间内很难出成果，对研究结果也无法预知，有可能费了很大劲最后得个阴性结果，所以做研究需要勤奋、需要坚持。还记得读研究生期间，做自己的硕士课题，病例资料全都是自己收集，每个人都是自己的课题自己负责。我的硕士博士课题收集了 200 多例精神分裂症患者，每个病人还要随访 4 次，工作量很大，由于检测的项目要取空腹的血样标本，所以做课题的那两年多的时间，每天都是 6 点就到病房采集血样。课题做完了，整个人也瘦了一圈。

  在硕士期间写的第一篇 SCI 论文，当时投稿出去后回来的意见特别多，第一条就是说我写的是中国式的英语，提的问题达 29 个之多。当时一看都懵了，每个问题都很难回答，都有了想放弃的念头，但转念一想这篇文章没直接拒稿就说明还有机会。这篇文章最难修改的地方就是语言的问题，毕竟英语不是我们的母语，而且又是第一次写，根本没什么经验，请教别人也帮不上忙，那时写英文论文的人本就不多。我差点就放弃了，但又不想之前的努力白费，所以那段时间脑袋里成天都是思考怎么修改文章的事情。想来想

去也没什么好办法，我觉得自己改不好这篇文章的主要原因是没有好的英文语感，写出来的东西就是中国式的英语，当时就想到了一个在别人看来很愚蠢但我认为是非常有用的方法。我找了 14 篇相关的英文全文，用了一个星期的时间，每天和尚念经似的不停地背诵，当这 14 篇全文背得滚瓜烂熟的时候，忽然就来了灵感。那天我很早就到了办公室，从早上 7 点多钟一直待到第二天凌晨两点才把这篇文章改完了。第二次投过去后只有 13 天这篇文章就被接受了，那一刻觉得所有的努力都是值得的。同样，我的博士研究结果于 2008 年发表在 *JAMA* 上的那篇文章，刚开始投稿过去回来也是 78 个问题，当时也是费了很大的功夫，一个问题一个问题地逐条解决后才被接受的。所以说没有付出就没有回报，只有付出了才可能有回报。

一直到现在，我阅读文献的时候，还是会不自觉地去背诵一些东西，背得越多积累得就多，等要用时就自然变成自己的东西涌现出来了。现在我招收研究生，不要求你多聪明，但做事绝对要认真踏实能埋头苦干，只有这样才能出成果，这样的学生才能做出好的研究来，以后才可能有一番作为。

除了勤奋和坚持，还有一点就是细致。在这方面我走了弯路，那年我第一次申请国家自然优秀青年基金的时候，当时初评的结果非常好，但最后被发现有一篇文章的并列通讯作者漏标了一个，而没有参加会评被直接拿下了，到第二年才拿到国家优秀青年。这件事告诉我们，做事情一定要细致认真，来不得半点马虎。让我印象最为深刻的是，2011 年在美国学习期间，我的一篇论文被选为美国精神病学年会的大会发言，本来觉得这是自己的事情，自己准备好幻灯片好好练练就可以了，不曾想到美国导师 Calabrese 教授说我去发言不仅代表我自己还代表了我中国的单位和在美国的单位，所以必须要做到极致。他提前了半年亲自帮我修改幻灯片，每张幻灯片从内容、上下的连贯性甚至每个字母、单词的排版都要过关，他花了整整一个月大部分午休的时间帮我修改幻灯片。改好后让我在全科室讲，在组里讲，最后是他吃午饭时我在台上讲，不断地纠正讲的内容，连演讲时的眼神和手势都要注意，这样反复练了很多次才达到他的要求。过程虽然很辛苦，但我学到了很多很多，也让我非常感慨他的做事的方式，真的非常值得我们学习。

四、做研究要多问多学

做研究要向师兄姐妹学、向老师们学、向全国的同行学，要不断地扩大自己在业内的朋友圈，多交流。只有这样，你才能了解别人现在在做什么，什么研究是目前的热点，有些什么进展。要不断地向别人请教，更要不耻下问。做研究要学习很多方面的知识，你不能闭门造车，应该要广泛学习，不断地向别人请教，尤其是行内的大家。2012 年我发表在美国精神病学杂志（*American Journal of Psychiatry*，IF = 14.718）上的那篇文章，第一审的审稿意见要求结果部分重新做统计，提到了要用一种新的统计方法，当时我请教了很多人都不会做，最后美国伊利诺伊大学的 John Marcell Davis 教授给我回信说他会做，但是我们邮件沟通不好，刚好当时我也在美国，所以我就去了他家，跟他学了近一周才把这个统计做好，这篇文章后来二审投过去就被接收了。在求学的道路上，不要觉得不好意思，怕被别人知道自己不会，我们学习是因为不会才学，要多向长辈请教，只有这样才有进步。在参加学术会议的时候，除了努力学习知识，还要多与行内的专家沟通，多联系，这样以后合作的机会就会多些，同时也要把自己做的成果多展示出来，让人家知道你是做什么的，做什么方向的，这样以后如果有什么合作的机会别人很有可能第一个想到的就是你。

回首过去，我们思绪纷飞，感慨万千；立足今日，我们胸有成竹，信心百倍；展望未来，我们引吭高歌，一路欢笑。

赵 明：
如何为研究生搭建通往科学殿堂的桥梁

从2009年起，我作为导师及联合导师先后指导了30余名硕士研究生，20余名博士研究生。作为他们的科研启蒙导师，如何带领他们了解直至热爱科学研究？如何让他们能在有限的时间里高质量地完成科研课题？10年来，我不断地摸索、反思、总结，积累了一些自己的经验和心得体会。在这里我想从以下几个方面谈谈如何为研究生搭建通往科学殿堂的桥梁。

一、找准导师的定位与职责

韩愈的《师说》中提到"师者,所以传道、授业、解惑也"。作为研究生导师,首先,要"传道",言传身教,教育他们如何更好地为人处世、适应社会并参与良性竞争,特别是培养研究生的责任感、诚信观以及团队合作精神。医学研究生从事医疗工作和研究,对患者负责、对科学守信是最基本的要求。我经常告诫学生,做科研最重要的是态度,科研诚信大于一切,切不可急功近利,实验结果必须实事求是。再者,无论是临床工作还是科研工作,任何人的进步都离不开团队和科室的支持,彼此帮助、互相扶持才能共同获利、共同成长。

其次,作为导师要指导研究生课题研究及业务工作,即"授业"。导师自身必须要有一定的知识储备,并能通过恰当的方法传授给学生,才能指引学生向正确的方向前进。比如每年研究生选题时,我都会让他们先通过查阅文献,自行选择 2~3 个前沿热门的方向;当学生拿着选好的课题方向来向我汇报的时候,我会逐一分析每个研究方向是否有研究价值、是否与自身领域密切相关及是否解决了关键科学问题等,从中选择一个最合适的研究方向。这就要求导师要熟悉相关领域的前沿热点,有一定的文献阅读量,才能给研究生正确的指导。

最后,当研究生通过主动学习、探索,遇到问题、对所研究的课题有质疑时,需要导师给出客观中肯的建议,即"解惑"的过程。在解惑的过程中,需要留有空隙让学生自己去探索、发现,培养他们独立解决问题的能力。

二、因材施教

著名教育家朱熹曾说,"圣贤施教,各因其材,小以小成,大以大成,无弃人也"。在我带过的研究生中,学生的基础不尽相同,有第一学历重点本科的,也有第一学历专升本的;有八年制的、硕博连读的,也有三年制的……每位学生自身情况和特点都不相同,因此需要从学生的实际情况出发,有的放矢,不能千军万马都过独木桥。

例如,八年制医学生需要在毕业前一年多的时间开展科学实验,这些学生虽然聪明好学,但由于缺乏科研基础,在这么短的时间内完成一项科研课题显然十分困难。因此,我会安排他们参与到相对成熟、进展顺利的课题组中，让他们承担其中某一部分内容，并指定课题组其他成员带领，这样会让八年制的学生们较快进入角色并熟悉所需的操作，便于他们更加顺利地完成课题任务。而对于硕博连读的研究生，有五年时间可以系统培养他们的科研思维和能力，因此我会安排他们独立负责一项课题任务，从选题到课题设计到实验规划再到具体执行，让他们充分发挥主观能动性，遇到问题首先自己想办法、查文献资料，解决不了的可以先请教高年资师兄师姐，仍然无法解决的问题，我再亲自指导。到博士研究生阶段，他们已经可以较为独立地进行科学实验和独立思考，同时也具备一定的课题设计、标书撰写的能力和思维，往往都能出色地完成课题任务，并发表高水平的 SCI 论文。

对于基础较差的学生，英语文献阅读起来比较吃力，实验操作没有任何经验。针对这种情况，我会给他们安排相对简单、有稳定的前期基础的课题，这样他们完成起来比较顺利。在这个过程中，我会经常鼓励他们、给予积极的暗示，帮助他们建立起自信心和对科研的乐趣。在文献阅读及写作方面，我让他们先阅读相关的中英文综述，大致了解该领域的研究热点及常用的实验技术和方法，然后再大量阅读原始文献，从中学习研究思路和英文写作。至于英文写作，我会要求他们从开始就写成英文，然后参考之前阅读的文献写作手法自己反复斟酌、修改，最后由几位英文好的师兄师姐及导师帮忙修改。这样做的目的就是要锻炼英文的写作思路，而非中国式的英语写作。

每一个学生都有自己的特点和个性，作为导师，要善于挖掘学生的闪光点，了解不同类型和学制培养下的研究生的需求，根据每个研究生的特点予以合适的指引和教导，尽量让每个学生都会获得最大的进步和提高。

三、帮助学生建立科研思维，培养创新能力

科研工作中最重要的是科研思维，这是一个合格的科研工作者所必须具备的基本要素。大部分研究生初入学之前没有任何科研经历，帮助研究生建立基本的科研思维是保证他们后期能够顺利开展科研课题的基础。建立科研思维需要具备比较强的科研鉴赏能力，而培养科学鉴赏能力必须依靠研究生自身科研实践的积累、积极独立的思考以及大量的文献阅读，学会做一个懂得"仰望星空"的人。我会要求研究生每周总结实验数据、分析所遇到的问题并自己提出解决方案，同时要列出下一步实验计划，以此来锻炼研究生独立思考、掌控课题研究思路及解决问题的能力。当然，导师在这一过程中所扮

演的角色就是适当的点拨及引导，使研究生的整体思路不致停滞或偏离。此外，我还会要求研究生在完成自己的科研任务之外，每周抱着学习和批判的精神至少精读一篇发表于国际顶级期刊（如CNS）的文章，并对该文章进行总结和点评，说出自己的想法及所受到的启发。随着时间的积累，将文献中所学到的东西与自己的实践经验融会贯通，便会自然而然地形成科研思维。

具备基本的科研思维之后，就要追求突破和创新，特别是对博士研究生而言，创新是不可或缺的科学素质。首先，创新来源于广阔的知识面，我的经验是在帮助研究生选择学位课程时，要注重综合性、前沿性和交叉性，根据每个学生的情况制订能够使知识结构互补的课程体系，尽可能广泛地涉猎相关专业及交叉学科的知识。其次，创新是一种能力，仅仅通过传授知识给学生是远远不够的，更重要的是要传授学习方法和研究方法。我会给予他们足够多的学术交流机会，让他们向相关领域的科学大咖学习和汲取经验。只有研究生掌握了正确的方法，才能更好地发挥独立思考的主动性，并具备自我获取知识、更新知识、丰富知识的基本能力，这才具备了创新的根基。这时，我会鼓励我的研究生多申请校级、省级的科研课题，给予他们磨炼和创新的机会，让他们在实践中培养创新能力。

四、创造良好的学术氛围和科研平台

科研思维和创新能力的培养需要良好的学术氛围和科研平台，需要有利于研究生发挥主观能动性及创新精神的广阔空间。一方面，我会经常与研究生探讨实验问题、交流学术思想，鼓励他们畅所欲言，包容并保护他们可能并不成熟的科研思路和想法，让他们的创新思维和能力在不断地交流碰撞中得到提高。另一方面，我会充分利用自己的资源，为研究生提供尽可能多的交流平台，创造良好的学术氛围。例如，定期举办"Journal club"、定期进行实验室理论和技术培训、定期邀请相关领域的国内外学术大咖进行学术讲座、给予研究生在国内外学术会议上做学术报告的机会等。除此之外，我还会鼓励研究生参与良性竞争，通过定期考核以及年终评选"优秀研究生"的方式，充分调动他们的积极性，激发他们对科研的兴趣和热爱，让他们从被动变为主动。

除了良好的学术氛围，科研平台硬件设施也极为重要。一个仪器完备的实验室对于研究生开展科研工作是必不可少的。同时，要保证各仪器设备有专人看管、维护，能够正常运行。当然，做到所有仪器设备一应俱全是不太可能的，科研过程中经常会遇到需要的某些仪器或技术自己实验室并不具备。这时，我会积极为研究生联系并找寻所需仪器和实验平台。比如之前我带过的一个博士研究生，她的博士课题有一个环节需要对小鼠进行骨髓移植，而我们实验室这项技术并不成熟且没有配备辐照仪。学生跟我多次商量讨论后，确定这一实验对于完成课题至关重要且不可替代。作为导师我必须尽力帮忙联系，为学生解决技术和设备方面的问题，保证课题的顺利进行。最终，在其他实验室和老师的帮助下圆满解决了这一难题，实验过程很顺利，结果亦令人满意，这不仅鼓舞了她对科研的热情，也让她有更大的信心和动力去完成接下来的实验。

科学研究是一条漫长而枯燥的路，对于初入门的研究生来讲，导师的作用就是带领他们跨进这道门槛，传授他们继续坚持这条路的本领，并为他们搭建通往最高殿堂的桥梁。当学生能够在导师的培养和带领下离梦想更进一步时，这就是我作为导师最大的成就。

于碧莲：

躬身力行，任重道远
——我的硕士生培养心得

  我从2013年有幸成为硕士研究生导师，和许多桃李满天下的名师前辈相比，我在"导师界"资历尚浅，经验尚薄，因此，我怀着忐忑的心情写下了这些文字。虽然自觉在研究生教育方面尚欠历练，但却不敢怠慢，不遗余力回想、分析、总结了5年硕士导师生涯的点点滴滴。

  2012年医院研究生导师政策改革，对导师资格的审查主要关注科研能力和课题经费，而不再要求一定是高级职称。我当时还是一名年轻的主治医生，对于是否要申请成为硕士研究生导师尚有犹豫。我咨询时任心内科主任

赵水平教授的意见，赵老师是我的硕士生和博士生导师，是我临床和科研的领路人，他积极鼓励我申报。因此，我努力申报并有幸通过评审，在2013年开始招收第一个硕士生。在之后这5年的研究生教育经历中，也逐渐积累了一些经验，并对现在的研究生培养模式和教育方法有些初浅的认识。在此将一些心得体会分享出来，一方面为抛砖引玉，另一方面也督促自己发现不足、不断提高、再接再厉、努力树人。

学为人师，行为世范。这句话是著名教育家、书法家启功书写的教育名言，也是我在教学中时刻警醒自己的座右铭。这句名言鞭策教师首先要自身努力修养道德、做好学问、规范行为，这样才能有高尚的品格和充足的知识来对学生言传身教，为学生树立好的典范。作为研究生导师，自身的素质修养、学问知识非常重要。在对学生的临床和科研带教中，我始终以身作则，无论是在临床工作还是科研工作中都精益求精，不放过任何疑点和难点。不畏艰辛、求真求确、脚踏实地是成为一名优秀的临床医生和科研工作者必备的素质，也是我在带教中一直坚持传递给学生的学术价值观。同时，我很注重将自己在提升道德修养、管理自身情绪上的经验和学生分享，希望能以律己之行为向学生提供学习榜样。我发现学生们不乏焦虑和抑郁情绪，主要原因在于急于求成却不成，希望走成功的捷径而害怕面对失败，任由这股情绪发展下去。要么可能走向弄虚作假的不端之路，要么可能放弃学业，甚至生出轻生之念。这固然和社会上一些浮躁、吹嘘、作假的风气有关，但这确实是临床和科研工作的大敌，于临床，损害的是病人的生命健康，浪费的是宝贵的医疗资源；于科研，损害的是学术诚信，浪费的是有限的科研经费；于自己，可能断送自身的行医生涯和学术前途。我经常和学生分享自身的临床和科研经历，除了成功的经验，更多的却是来自失败的教训和总结。我教导学生，临床上很多疾病的治疗是一波三折，既需要危急时刻当机立断的魄力，也需要耐心、细心、恒心，更需要面对挫败、转折时的坚守初心。科研过程中，遇到失败是很常见的事情，不能因此就长时间沮丧，甚至自暴自弃。失败是下一次的成功之母还是下一次的失败之因，更多取决于自己。面对失败时的自我情绪疏导和行为管理是一门成长的必修课。

因类施教，"三心"雕琢。现在的研究生分为专业型和科研型，这两类研究生的培养目标不同，教学重点也有很大差异。这就要求教师在教学时要区分对待，因类施教，根据学生的基础能力、培养目标制定具体的教学计划，切不可为图方便一概而教。比如，科研型的研究生培养目标以科研为重，但是他们在硕士入学时基本没有科研基础，需要从基本技能开始训练。基础训练的周期一般在6个月左右，在这6个月期间，对学生的培养要格外强调"三心"：细心、耐心、恒心。每个学生的接受能力不同，分配同样的任务，有些学生很快能做好，有些则需要重复多次，这些需要导师细心地发现每个学生的差异并制订专门的指导计划，让不同的学生都能确确实实感受到重视并得到提高，一概而教容易导致一些学生"落伍"。科研实验数据的可重复性是至关重要的，一而再、再而三地重复操作很容易让初学者感到枯燥并消磨对科研的兴趣和动力，这个过程需要导师耐心地言传身教。如何一丝不苟地对待每一步实验，需要耐心。如何从繁杂的数据中总结规律和经验，需要耐心。缺乏耐心就产生散漫、随意、为完成任务而完成任务的不良情绪，从而很容易产生失误和遗漏，而一个小失误或者小遗漏将导致整个实验"满盘皆输"。帮助学生树立耐心，更需要导师的耐心示范和督察，导师缺乏耐心，学生就更容易急躁或散漫。做科研贵在持之以恒，教学也是如此。当教给学生技能、分配完任务后，如果导师就此静待花开结果，对于很有毅力、自觉性强的学生也许能行，但有的学生在失去老师的督察后就会自我放飞。这需要导师具备教学恒心，定期会谈、定期抽查、定期考核，将导师坚持不懈的恒心传递给学生，帮助学生养成一颗"恒心"并成为陪伴终身的品质，学生才能不断提高，于学业能有所成。

严格要求，激发潜能。在心内科研究生的眼里，我是极其严格，甚至有些苛刻的。入学的新生，我都会提出三个要求：能吃苦、不抱怨、会思考。短短9个字，却极难做到。不管是专业型硕士还是学术型硕士，在读书期间都是很辛苦的。专业型硕士除33个月的住院医师培训外，还需利用业余时间阅读文献，完成硕士课题。学术型硕士要面临的挑战更大，科研其实是一项"折磨"人体力和脑力的活动。因此，能吃苦是做科研的基本素质，不抱怨则是更高一点的要求。首先，付出不是一定就会有收获，在科研过程中，可能投入很多却没有阳性结果，这是常有的事，这时学生就容易有抱怨甚至放弃的想法。另外，我对实验数据要求极其严格，要求学生精益求精，也容易让他们产生抱怨的情绪。会思考则是研究生培养的初衷，我们不是在培养技术员，而是在培养具有科研思维、能自主创新的科研人才，因此，在科研过程中，我会给出一个个小的明确的科研方向，让学生根据文献和自己的思考设定较为具体的实验过程。我再和学生一起探讨科研设计的可行性，并在进行第一次实验后认真分析实验数据，即使是一次失败的实验过程，也不忘整理经验教训。在这种反复的训练中，教导学生学会如何设计实验，分析实验数据，并能逐渐提出自己的见解，到最后能独立进行科研。

不为有为,出世入世。能否树立正确的科研观对学生将来的学术生涯有十分重要的影响。我时常会在组会上与学生交流文章与科研的关系,在当前的评价体系下,需要文章来毕业和晋升,文章也是反映科研成果的有效方法之一,但是,科研应该以探索真相为目的,而不仅仅是发表文章。然而,唯结果论的科研评价体系可能对学生产生一些负面影响。学生在科研的过程中会面对各种诱惑,可能产生浮躁和急于求成的心理,不能沉心科研,最大的诱惑来自文章,很多学生为凑文章篇数,视发表文章为终极目的,不注重数据的可靠性和科研的创新性。我将自己的科研观做了提炼并教导我的学生:做科研要"不为有为,出世入世"。"不为"即做科研不能以发文章、追逐名利为终极目的,以此为目标很容易深陷不诚信的泥潭,甚至断送学术生涯。"有为"即只有脚踏实地地做科研,树立探索未知、求真求确的更高的科研目标,才能真正地有所作为。"出世"即科研生涯中面对种种诱惑、名利、成败要能内心平静,不骄不躁,不以物喜,不以己悲,淡泊安然,享受孤独,不为外界所扰乱才能保持一颗内在求索的纯正的初心和原动力。"入世"即科研上要有行动力,不进则退,要适时总结、改进和提高,积极推进自己的科研计划。

火炬传承,任重道远。在我自己学生时代的成长经历中,遇到了很多名师,赵水平教授是我在血脂研究中的启蒙导师,既教会了我正确的人生观和科研观,又为我之后的临床和科研生涯打下了坚实的基础;彭道泉教授的教导让我热爱临床,掌握良好的逻辑思维和洞察细节的能力,并能更好地将临床和科研相结合;在美国留学时的博士后导师陈育庆教授让我具有更扎实的科研基本功,更远的科研目光和理想。我深知自己的成长离不开导师们的悉心教导和引领,当自己成为导师后,更是深感肩上的责任重大。我的导师们一直向我传递了一种核心价值观,我也有幸接过了他们的火炬并期望继续传递,那就是:老师对学生,犹如父母对待孩子,都有着天然的责任;孩子是父母基因的传递,而学生则是老师文化知识和价值理念的传递,两者是构成社会不断进步和发展的平行线,缺一不可。这种责任感和使命感,让我躬身力行,鞭策我不断修炼,不仅要授人以鱼,也要授人以渔,更要帮助学生树立正确的学术观和人生价值观。我期盼自己的努力能成为学生成长路上的助推力,让他们的临床和学术道路更加顺畅,也希望自己的一点心得能对研究生教育的经验交流有所助益。

张晶晶：

乐学勤勉，止于至善
——论青年医学生的成长

自 2000 年进入湘雅医学院，我从一个青涩懵懂的医学生逐渐成长为一名初具经验的年轻副主任医师和研究生导师。回首往昔，我心怀感恩——感恩命运，让我成为湘雅人；感恩湘雅，让我专注学习和工作，自信前行。

2000 年，我考上中南大学湘雅医学院，临床医学七年制本硕连读。2006 年，提前保送攻读博士，并被推荐到美国德州大学学习，3 年完成博士课题。2009 年博士毕业并回国工作，进入湘雅二医院内分泌科，主要从事医疗、科

研和教学工作。2016年开始担任副主任医师。从医以来，我时刻铭记"求真求确，必邃必专"的湘雅精神，常年坚持在临床一线，以服务患者为己任，廉洁行医，勇于担当。为了救治患者，我常昼夜坚守病房。科研上，我主要从事糖尿病发病机制、衰老与增龄研究。主持国家自然科学基金面上项目4项、省自然科学基金1项；发表SCI论文14篇。获得中国胰岛素分泌研究"新星奖"。教学上，我担任硕士生导师，同时也承担本科生、研究生以及进修生的教学工作，荣获"中南大学教学质量优胜奖"和"湘雅二医院优秀脱产教师"称号。2017年获得"湖湘青年英才"人才资助计划；2018年荣获"全国青年岗位能手"。我深深明白，我的成长离不开湘雅的培养和恩师们的帮助。

一路走来，有艰辛、有挫折、有感悟，然而更多的是遇到无私指导、关心和提携我的恩师。如今我作为湘雅培养的一名学生、一名青年导师，有责任有义务将我受到的教导和关怀无私地传承给下一辈的青年医学生。

2018年适逢我院建院60周年，研究生培养40周年。回想自己18年来的学习、工作经历，我想就青年医学生的培养和成长，谈一谈自己的感悟。

一、常怀感恩，守正求真

习近平主席曾这样勉励青年人："有信念、有梦想、有奋斗、有奉献的人生，才是有意义的人生。当代青年建功立业的舞台空前广阔，梦想成真的前景空前光明，希望大家努力在实现中国梦的伟大实践中创造自己的精彩人生。"今天的中国，屹立于世界强国之林，这是革命先烈们用鲜血和生命换来的！一百多年的历史雄辩证明，中国共产党无愧为伟大的、敢于自我革命的政党。我们青年学生和青年导师，能够成长于现时代良好的社会环境，能够培养于湘雅二医院这个平台，来之不易，应倍加珍惜。没有湘雅二医院，没有我们内分泌团队的支持，就没有我的今天。悠悠六秩风华，漫漫甲子长路，一代代湘雅二院人，为了全心全意服务人民健康，前赴后继，初心不改，才成就了现在的二院，成全了今天的我们！我们应该勇于承担历史责任，坚定信念，尽力做好自己的本职工作，不断提升自己的个人修养、思想境界和道德水平，时刻以振兴中华为己任。

学高为师，身正为范。身为青年导师，除了学识要求外，"正直和正义"是最应具有的基本气质，正义是一个人的灵魂底气。教师在成为学生专业知识指导者之前，首先是学生道德思想的指路人，这并不在于平时时时刻刻都在讲的大道理，而在于导师本身具有的道德水平的高度，从内而外散发出的正直和正义之感。一个有正直和正义感的教师，具有正确的三观，深知自己的社会责任和教育义务，堂堂正正，坦荡自如，才能够走出对蜗角虚名、蝇头微利的计较，面对纷繁复杂的社会现实，坚定自己的信仰和信念，并引导着学生走向正义。

二、放宽眼界，提升格局

人与人之间的差距，不在于金钱、地位或年龄，而在于眼界与内心格局的差距。我们二院的青年人在努力学习专业知识和技术之前，首先应该提升自己的格局和眼界，对自己有更高的要求，更大的理想，审时度势，顺应时代发展，符合集体利益，对自己的人生有战略性的设计，而不是拘泥于一时之得失，不计较于一城一池。二院青年是国家、是社会重要的潜在储备人才，我们应该珍惜机遇和环境，走向全国、走向世界，去结交更优秀的朋友和老师，保持谦卑、加强沟通、互通有无；在学业和事业上向世界最优秀的青年人和医学家看齐，接近他们、学习他们，并最终成就更优秀的自己。在人生道路上，选择与谁同行，比要去的远方更重要。

青年人应有基本的集体主义精神和战略性的眼光，尽量避免极端个人主义和小团体主义。曾经有位学生在遭遇挫折时问我："晶晶老师，你觉得像我们这样的医学生和医生，究竟是应该先搞临床还是先做科研呢？"我赠他八个字——"只问耕耘，不问收获"。作为新时代的青年人，我们应该问自己的不是怎样做对自己更好，而是应该明确：目前领域内急需解决的大问题和关键问题是什么？在这些问题面前我能做出怎样的努力？不局限于自己何时成名成家，更在意如何才能为人类健康事业做出自己的贡献。

三、志存高远，砥砺前行

我们湘雅二医院誉满三湘，名动全国，是国家顶级医院，这里是成就"湘雅名医""国之名医"的重地，这里是培养"国家杰青""国家名师"的重地，这里是造就未来"两院院士"的摇篮。青年学生和青年老师能够依托和成长于湘雅二医院这个平台，站在巨人的肩膀上，机遇弥足珍贵，这里是年轻人梦想起航的地方，这里更是实现人生理想的地方。我们应该发挥"马太效应"，以大平台、大团队为基础，齐心协力，共同发展！十年后、二十年后，我们二院青年能否成为后继者的平台和肩膀？大家拭目以待。所以，我们大胆规划、勤勉奋斗、敢于担当，尽力做好本职工作，顺应时代发展潮流，为人类健康事业，为国家复兴大业做出自己应有的贡献。

铁肩担道义，妙手著文章。在如今良好的社会环境和湘雅二医院的集体环境中，我们更应该勇于担当，自强不息，百尺竿头，更进一步，努力实现自己的梦想。我们的梦想与集体的利益是一致的，我们的梦想是中华民族伟大复兴"中国梦"的重要组成部分。再回到那位学生问我的问题，"我们作为湘雅二医院的青年人，究竟是应该先搞临床还是先做科研呢？"我相信这也是曾经困扰目前许多的年轻学生和青年医生的问题。我要说的是，我们所从事的临床实践、临床研究、基础研究都是有意义的。牢记责任，努力学习，为了人类的健康而不懈奋斗。多从战略的角度思考，积跬步，至千里。

四、精诚专一，矢志不渝

从医是一场长达一生的学习之旅。医学是一门实践性很强又要求不断创新的科学，需要不断学习，积累诊疗经验和临床修炼，强化人文素养，提升人文情怀，同时需要积极开展临床和基础研究，创造新知识、新观念，提出新技术、新方法。医学为了维护生命和健康而存在和发展，是一门高精尖而又有温度的科学。作为高水平研究型医院的一名"医""教""研"三栖医师，成长注定是漫长而艰辛的。我们应有定力和自律，锲而不舍，"造次必于是，颠沛必于是"，不可眼高手低，亦不可急于求成。坚守治病救人之道，长久沉淀自己，坚持更高的学术理想和价值追求，在前人的肩膀上多思考、多探索，做真学术、真研究，做有益于患者的研究，立志与国内、与世界最优秀的青年医师/医学家良性竞争与切磋合作，最终达到共赢，推动中国医学为全球和人类医学进步做出更大贡献。

路漫漫其修远兮，吾将上下而求索。作为二院的青年导师，我们既需要自我成长，也需要传承和指导；湘雅精神烽火相传，我辈仍需继续努力；然而我更多的是感恩——感恩前辈老师和专家们一直以来的表率、榜样、引领和教导！我们二院青年一辈应秉承湘雅精神，克服一切困难，努力前进——"不忘初心，无问西东；知行合一，莫问前程"。

陈明佳子：
美国医学研究生课程设置体系的借鉴与思考

　　随着我国经济的飞速发展，人民生活水平的显著提高，国人对健康的需求与日俱增，对医学高等教育的质量也有了更高的要求。研究生教育是高等教育的最高层次，提高医学研究生教育水平是实施"健康中国战略"的重要手段之一。

　　美国是当今世界高等教育最为发达的国家之一，医学教育体系更是处于世界顶级水平。本人有幸曾以访问学者身份在美国洛杉矶两所著名高校学习，对美国医学研究生课程设置有初步的了解。美国高等院校的医学课程设

计从内容上可分为基础理论课、先进方法课、前沿进展课;从课程形式上可分为直接讲授、经典著作阅读、学术研讨;从课程学时长短上分为全课程、半课程、微课程等。最为直观的感受就是研究生在课程学习中的主体作用十分显著,从课程的选择到参与、考核,研究生都占据着中心位置。研究生们会根据自己的专业选择必修课程,同时在想要深入了解的方向选修相关课程,选课通常呈现多学科的交叉融合。上午和下午时段由各专业教师在课堂讲授专业课程,教室内均有网络覆盖,研究生登入校园账户即可查看讲义,或利用校园图书馆等资源对教师讲授的相关内容进行深度查询,有疑问可以随时提出或在课堂结束前统一提出,教师会予以当场解答。中午时段是学术研讨(seminar)时间,每周有固定的学术报告,有时还会有特邀专家的专题讲座。学术报告要求每个研究生轮流汇报,每次1~2人,每人报告半小时左右,参会的多为该领域的专家、研究生导师以及对此主题感兴趣的研究生们;汇报的研究生讲述完毕之后,参会的专家和研究生们都会踊跃提问,讨论各种相关问题,拓宽研究思路。每周导师(PI)会召集实验室的研究生们开组会,汇报一周实验进展,分析、总结问题,并指导下一阶段研究方向。课程的考核形式也很灵活,对于基础理论课程一般以卷面考试为主,有网上答题也有纸质卷答题,考核评分仅分合格、不合格两类。先进方法课和前言进展课考核方式多样,有卷面考试、提交论文、口头汇报(presentation)等,评分多为等级制。这样的课程设置将学习的主动权交给研究生,不仅利于培养他们的逻辑思维能力和创新精神,还能开阔他们的思路和眼界。

参考美国高校医学研究生的课程设置体系,反思我校目前医学研究生课程设置,我觉得有以下六方面值得改进。

一是减少冲突或重复的课程设置。目前专业型硕士全部要求参加国家医师规范化培训,临床实践成绩可直接由获得住院医师规范化培训证书替代,分两种等级:合格、不合格。国家医师规范化培训经由国家和各级专家精心审定,对各专业方向培训内容及时间有合理、规范的要求,因此已完全能满足考核研究生是否具备符合该专业要求的临床能力的要求。重复制定课程要求或考核内容将增加研究生学习和备考的压力,不利于反映其临床能力的真实水平。

二是学习形式需要多样化。目前研究生教育基本承接本科教育方式,授课方式单一,考核模式也很单一。但较本科生而言,研究生教育中更应该提倡自主学习,培养研究生的独立思维能力。传统的老师授课模式时间、地点固定,研究生的学习状态决定了从课程中受益的程度。采用新媒体形式授课可以让研究生根据自身情况灵活安排学习时间,同时便于温习已学课程。因此,我们正尝试部分课程采用慕课(网络授课)形式授课,但仍未得到广泛推广。此外,传统的授课是研究生被动吸收知识的过程,如何调动他们主动、独立、批判性地思考是我们亟待解决的问题。增强师生的互动,以讨论的形式推动学习的进程或许是有效的方法。目前我们已将学术研讨(seminar)纳入课程设置之中,希望能通过讲座和小组式的讨论模式改善研究生们的学习效果。

三是注重实践教学的作用。任何教育的理论学习都是为了实践服务,对临床医学专业来说尤其如此。增加临床实践或科研训练的比重可以倒逼研究生从实践中发现问题、提出问题,从而回归理论学习研究问题、解答问题。

四是加强研究生人文素质的培养。党的十八大提出"把立德树人作为教育的根本任务",人无德不立,国无德不兴。医学研究生的"德"主要表现为对病患的人文关怀,人文素养的高低直接影响到和谐医患关系的构建。医德的培养除了导师的言传身教,更与培养环境息息相关。校园文化氛围的营造,课程设置中人文理念的糅合对人文素质的教育都有着积极的影响。

五是增强研究生的身体素质。目前医学研究生临床、科研任务繁重,需要有强健的体魄作为支撑。体育锻炼不仅是身体素质的锻炼,同时也是个人意志品质的塑造过程。世界著名高校都有浓厚的体育文化,如英国牛津大学和剑桥大学的赛艇比赛,美国常青藤大学联盟的篮球比赛、橄榄球比赛等,国内顶尖学府清华大学更是提出了"无体育,不清华"的口号。培养研究生参加体育锻炼的兴趣、爱好与习惯,促使其获得参与运动实践的本领和掌握身体锻炼的科学方法有助于研究生的身心健康,有助于提高研究生的自律能力,让他们更加顺利地完成学业。

六是拓展社会实践课程内容。更广泛、深入地开展社会实践课程,不限于义诊、健康宣教,参与文体活动、创新创业活动等都可以纳入社会实践课程。一方面可以发挥研究生个人所长,调动其参与各类活动的积极性,活跃校园氛围,丰富课余生活;另一方面可实现个性化培养,帮助学生在实践中探寻自我,拓宽就业渠道。

李 宁：
做一名新时代"四有"辅导员

成为一名优秀的辅导员需要具备何种特质呢？是学识渊博，能为学生答疑解惑？是严肃认真，能为学生指引方向？还是和蔼可亲，能使学生如沐春风？其实，习近平总书记在 2014 年 9 月同北京师范大学师生代表座谈时就给出了答案：好老师没有统一的模式，可以各有千秋、各显身手，但有一些共同的、必不可少的特质，那就是"有理想信念、有道德情操、有扎实学识、有仁爱之心"的"四有"好老师。辅导员作为思政工作者，要把立德树人作为中心环节，要做中国特色社会主义共同理想和中华民族伟大复兴中国梦的积极传播者，在新时代要做一名"四有"辅导员。

一、新时代，做一名有理想信念的辅导员

实现中华民族伟大复兴的中国梦是全国各族人民的共同追求。鸦片战争是英国为了扩大国外市场、推销工业品而发起的侵略战争，从此中国陷入半殖民地半封建社会的泥潭。中华人民共和国成立以来，我们励精图治了60多年，尤其是改革开放的40年，使我们比历史上任何时期都更接近中华民族伟大复兴的目标，比历史上任何时期都更有信心、有能力实现这个目标。作为辅导员要有国家使命感和社会责任感，要润物细无声地引导学生热爱祖国、热爱人民、热爱中国共产党，要让一代又一代的年轻人成为实现我们民族梦想的正能量。

二、新时代，做一名有道德情操的辅导员

师者为师亦为范，学高为师，德高为范。作为辅导员要不断提高道德修养，提高人格品质，要有"捧着一颗心来，不带半根草去"的奉献精神。

辅导员的工作较烦琐，学生的思想建设，学生遇到的学习问题、生活问题，学生的业余文化活动开展，学校和医院的各种会议精神传达等都需要辅导员去贯彻与落实。也许有人会认为辅导员是个闲职，没什么事情做。其实辅导员做的都是走心的事，比如去学生宿舍查寝、找学生谈心谈话，这些看起来微不足道，但在学生的心里会有受用的感觉。记得有一次，某位学生路过辅导员办公室，特意跑过来跟我说，有辅导员之后我们的生活学习问题都可以跟辅导员老师反映，辅导员老师都会尽心尽力地给予关心和指导并帮我们解决问题，我们感觉心里很温暖。当那些因为科研、临床和学习压力焦躁失眠的学生，经过与辅导员交谈后，他们的眼神又重新发光、发亮，又重新拾起生活的信心时，辅导员的内心也是温暖而感动的。

辅导有固定的工作时间，但辅导员手机要24小时保持畅通，若是发生了什么事情必须立即到位，哪怕是寒冬里的凌晨。因此，实际上辅导员在规定的工作时间以外付出了很多心血。这就是辅导员的责任心和奉献精神！

衣带渐宽终不悔，为伊消得人憔悴。好老师的道德情操最终要体现到对所从事职业的忠诚和热爱上来。作为辅导员要有敬业精神，我们要干一行爱一行，不能仅仅把辅导员作为一个养家糊口的职业。孔子曰："其身正，不令而行；其身不正，虽令不从。"辅导员要肩负起思想政治教育工作的重任，首

先得"己正",唯有"己正"学生才能敬其师、信其道。同时要在实际行动中以培育和践行社会主义核心价值观为己任,以立德树人为目标,为实现中华民族伟大复兴的中国梦培养有德之才。

三、新时代,做一名有扎实学识的辅导员

"水之积也不厚,则其负大舟也无力。"知识储备不足,视野不够,在工作中便会捉襟见肘。作为辅导员要有扎实的学识,方能在工作中游刃有余。

辅导员的工作看似千头万绪,杂乱无章,看似无须"学识"亦可"有为",实际上,辅导员需要学习很多知识,掌握很多技能,要学习教育学、心理学,要学习中国特色社会主义理论,搞党建,还要指导就业;既要管生活还要抓学习;既要教现在还要育未来。要给学生一碗水,自己就要有一潭水,"夫学须静也,才须学也,非学无以广才,非志无以成学。"因此,辅导员要树立终身学习的理念,不断充实、拓展、提高自己,有了一潭水,才能够在各方面给予学生更好的帮助和指导。

四、新时代,做一名有仁爱之心的辅导员

从事辅导员工作以来,深切感受到辅导员要有三颗心:爱心、细心、耐心。

爱心。苏霍姆林斯基说:"没有爱,就没有教育。"高尔基说:"谁爱孩子,孩子就爱谁。只有爱孩子的人,他才可以教育孩子。"一位好的辅导员要有仁爱之心。爱心能够滋润浇开学生美丽的心灵之花。好的辅导员对学生的教育和引导应该是充满爱心和信任的,在严爱相济的前提下晓之以理、动之以情,让学生"亲其师""信其道"。有爱才有责任,在和学生的交流中,要以人为本,多关心和爱护学生,才会赢得学生的尊重与支持。

细心。世界上没有两片相同的树叶,辅导员面对的是一个个性格爱好、脾气秉性、家庭情况、学习状况不同的学生,这就要求辅导员在工作中要善于观察,勤于思考,多去了解学生,及时发现学生思想政治、学习状况等各个方面出现的问题,在平等对待学生和尊重学生的基础上,因材施教,及时解决问题,防微杜渐。

耐心。辅导员的工作相对烦琐,在繁杂的工作中要善于调节控制自己的情绪,对待屡教不改的学生,要有足够的耐心,与学生多沟通,找到原因,对

症下药。只有这样，才能获得学生的信任和尊敬，同时也让学生获得自尊与自信。

辅导员工作很平凡，但平凡的工作能日复一日地坚持就是不简单。辅导员在工作中应始终不忘初心、牢记使命：用坚定的理想信念引领人，用高尚的道德情操感染人，用扎实的学识培育人，用温暖的仁爱之心陪伴人，最终做到立德树人和教学相长！

图书在版编目（CIP）数据

临床医学研究生培养：传承与创新／吴尚洁，肖涛主编． --长沙：中南大学出版社，2018.10
ISBN 978-7-5487-3457-4

Ⅰ.①临… Ⅱ.①吴… ②肖… Ⅲ.①医学院校-研究生教育-培养模式-研究-中国 Ⅳ.①G643

中国版本图书馆 CIP 数据核字（2018）第 239658 号

临床医学研究生培养：传承与创新
LINCHUANG YIXUE YANJIUSHENG PEIYANG: CHUANCHENG YU CHUANGXIN

主编 吴尚洁 肖 涛

□责任编辑	汪采知
□责任印制	易红卫
□出版发行	中南大学出版社
	社址：长沙市麓山南路　邮编：410083
	发行科电话：0731-88876770　传真：0731-88710482
□印　装	湖南鑫成印刷有限公司

□开　本	710×1000　1/16　□印张 13.75　□字数 267 千字
□版　次	2018 年 10 月第 1 版　□2018 年 10 月第 1 次印刷
□书　号	ISBN 978-7-5487-3457-4
□定　价	68.00 元

图书出现印装问题，请与经销商调换